Wolfgang Gröne

# Andromache von Athen

Illustrationen von Johann Brandstetter

**Hase und Igel®**

Für Lehrkräfte gibt es zu diesem Buch
ausführliches Begleitmaterial beim Hase und Igel Verlag.

Originalausgabe
© 2009 Hase und Igel Verlag GmbH, Garching b. München
www.hase-und-igel.de
Die Schreibweise folgt den Regeln der neuen Rechtschreibung.
Lektorat: Kristina Oerke, Elena Andrae
Druck: CPI – Ebner & Spiegel, Ulm

ISBN 978-3-86760-100-9
1. Auflage 2009

# Inhalt

1. Ein geplatzter Vertrag ................... 7

2. Die Panathenäen ..................... 12

3. Ein Loch in der Wand ................. 19

4. Durch die Nacht ..................... 26

5. Ein böses Erwachen ................... 33

6. Gefangen .......................... 38

7. Leonidas ........................... 44

8. Die Folterziege ...................... 50

9. Peinliche Fragen ..................... 55

10. Zu spät gekommen ................... 62

11. Zurück in Athen .................... 68

12. Leonidas in Nöten .................. 73

13. Wo steckt Andromache? ............. 79

14. Andromache wundert sich ........... 85

15. Perikles lässt sich überreden .......... 92

16. Wo ist das Gold? ................... 97

Epilog ................................ 104

Wörter, die ihr vielleicht nicht kennt .......... 106

# 1. Kapitel: Ein geplatzter Vertrag

Das Geschrei war im ganzen Haus zu hören, auf der Straße davor und wahrscheinlich überall im Kerameikos, dem Viertel der Töpfer. Andromache hastete mit klopfendem Herzen aus den Frauengemächern hinaus auf die Galerie. Von dort aus konnte sie in den kleinen Innenhof ihres Hauses hinunterschauen. Im hellen Schein der Mittagssonne standen sich zwei Männer gegenüber. Auf der einen Seite der Händler Protaxogoras: groß, athletisch, mit blonder Lockenmähne und in einem kostbar bestickten Chiton. Auf der anderen Seite Andromaches Vater Detothenes: Er trug eine mit Ton beschmierte Schürze und sah neben der kraftvollen Gestalt des Händlers aus wie ein mageres Maultier.

Protaxogoras war bekannt für seine Tobsuchtsanfälle und einer der reichsten Männer Athens. Sein Vermögen hatte er mit der Herstellung von Schildern, Lanzen und Schwertern gemacht: Irgendwo herrschte immer Krieg und die Hopliten der griechischen Städte mussten ausgerüstet werden. Da Protaxogoras zahlreiche große Werkstätten und Minen besaß, musste er sich keine Sorgen um sein Auskommen machen. Trotzdem hatte er sich seit einiger Zeit darauf verlegt, nach und nach die Werkstätten der Athener Töpfer aufzukaufen. Schon so manchen hatte er in den Ruin getrieben. Zwar hatten sich die Männer immer noch als Tagelöhner für Protaxogoras verdingen können, aber so etwas tat ein freier Mann nicht. Also zogen sie es vor, Athen zu verlassen.

Rasch lief Andromache die Treppe zum Innenhof hinunter. Doch auf halbem Weg hielt ihre Mutter sie zurück.

Stumm standen sie nebeneinander und beobachteten die Szene, die sich vor ihren Augen abspielte.

„Immer wieder habe ich Euch gefragt, Detothenes, noch vor einer Woche habe ich Euch gefragt: ‚Könnt Ihr den

Liefertermin für die Vasen einhalten? Könnt Ihr bis zu unserem großen Fest, den Panathenäen, damit fertig sein?' Was habt Ihr da gesagt, Detothenes? Hä? Was?" Protaxogoras' Gesicht hatte eine ungesunde Röte angenommen.

Andromaches Vater blickte verschämt wie ein kleiner Junge zu Boden. Ihm war die Schelte vor seiner Familie sichtlich peinlich. „Dass ich es schaffe, habe ich gesagt …", antwortete er mit leiser Stimme. Dann fügte er lauter hinzu: „Aber es ist einiges dazwischengekommen. Mein Sklave ist krank geworden. Er konnte kaum den Pinsel halten. Wie sollte ich da allein …?"

„Dann hättet Ihr ihn eben verkaufen und Euch einen neuen anschaffen müssen!", unterbrach ihn der Händler.

„Es dauert zu lange, bis ich jemanden neu angelernt habe, Protaxogoras! Ihr besitzt doch selbst Werkstätten. Das Verzieren der Vasen ist keine Kleinigkeit. Es erfordert viel Übung. Ihr wisst das!"

„Nichts als Ausflüchte! Lügen, Lügen, Lügen!" Protaxogoras stampfte ungehalten mit dem rechten Fuß auf. Die Sohlen seiner Sandalen waren genagelt und hinterließen ein seltsames Muster auf dem festgetretenen Lehmboden des Hofes. Die Stimme des großen Mannes überschlug sich fast. Drohend hob er den Zeigefinger. „Mein Schiff liegt im Hafen. Und übermorgen früh wird es auslaufen! Mit Euren Waren oder ohne sie. Sind meine bestellten Schalen und Vasen dann nicht an Bord, werde ich Euch für alles nur noch die Hälfte zahlen, Detothenes!"

Andromaches Vater sah entsetzt auf. „Das könnt Ihr doch nicht machen. Ich habe viel Geld für die Farben und den Ton ausgegeben. Selbst wenn Ihr mir den vereinbarten Betrag zahlt, bleibt mir nur ein geringer Gewinn. Protaxogoras, bitte! Ich werde bis morgen durcharbeiten und so viel fertigstellen wie möglich. Den Rest liefere ich Euch, wenn das nächste Schiff ausläuft."

„Nein! Vertrag ist Vertrag! Wenn morgen Abend Eure Waren nicht an Bord meines Schiffes sind, gibt's nur die Hälfte des Geldes. Das ist mein letztes Angebot. Sonst kauf ich Euch gar nichts ab." Protaxogoras verschränkte lässig die Arme über seinem gewaltigen Brustkorb. An den Fingern blitzten goldene und silberne Ringe. Mit hochmütiger Miene fuhr der Händler fort: „Aber denkt daran: Den Athenern gefallen die fremdartigen Verzierungen nicht. Ohne mich werdet Ihr Schwierigkeiten haben, Eure Ware loszuwerden. Ist Euch das klar?"

„Ja, natürlich", stöhnte Detothenes.

Andromache konnte die Verzweiflung in seiner Stimme hören. Am liebsten wäre sie ihrem Vater zu Hilfe geeilt. Doch der mahnende Blick ihrer Mutter hielt sie zurück. Andromache beugte sich weit über das Treppengeländer. In der nun eingetretenen Pause stemmte Protaxogoras die Hände in die Hüften und sah sich triumphierend im Hof um. Dabei fiel sein Blick auch auf die Frau und das Mädchen auf der Treppe. Für einen Moment starrte Andromache in zwei kalte blaue Augen, die sie erzittern ließen. Schnell schlug sie einen Zipfel ihres Gewandes vor das Gesicht und trat wieder einen Schritt vom Geländer zurück.

„Aber eines weiß ich auch, Protaxogoras!" Mit einem Mal klang ihr Vater trotzig. „Ihr könnt Euch Euren Vertrag dahin stecken, wo niemals die Sonne scheint! Und jetzt raus aus meinem Haus! Bei der großen Göttin Athene, ich werde meine Waren auch ohne Euch los. Ich lasse mich nicht erpressen. Hinaus!"

Andromache wagte kaum zu atmen. Wie würde Protaxogoras auf diese Drohung reagieren?

Für einen Moment herrschte eine angespannte Stille. Dann trat der Händler einen Schritt vor und beugte sich zu Detothenes hinunter. Sein Gesichtsausdruck verhieß nichts Gutes. Er erwiderte etwas in gefährlich leisem Ton, sodass Andromache nur noch Bruchstücke verstand: „Das wird dir noch leidtun … fertigmachen … Versager … dein Geld auf den Trieren verdienen … Frau und Tochter … Gefällt dir das?"

„Rrrraus!", brüllte Andromaches Vater voller Wut und packte Protaxogoras bei seinem goldverzierten Gewand. Dann stieß er ihn erst in die Werkstatt und von dort auf die Straße. Der Händler war so verblüfft, dass er trotz seiner Größe und Kraft kaum Gegenwehr leistete.

Gerade wollte Andromache die letzten Stufen hinunterlaufen, als sie zwei Hände auf ihren Schultern spürte. „Warte, Andro. Geh wieder nach oben und web weiter. Ich will allein mit Vater sprechen." Mit sanftem Druck drehte Andromaches Mutter ihre Tochter um und schob sie die Treppe hinauf. Anschließend folgte sie ihrem Mann in die Werkstatt.

Bevor Andromache enttäuscht den Rückzug antrat, fiel ihr Blick auf den Bereich des Hofes, wo Protaxogoras noch kurz zuvor gestanden hatte. Der Lehmboden war übersät mit den Abdrücken seiner genagelten Sandalen. Bei genauerem Hinsehen erkannte Andromache, dass es sich dabei um einen Buchstaben handelte. Es war ein P – P wie Protaxogoras!

Was für ein Angeber, dachte sie und kehrte an ihren Webstuhl zurück.

## 2. Kapitel: Die Panathenäen

Andromache fiel es schwer, sich auf die Arbeit am Webstuhl zu konzentrieren. Ihre Hände zitterten, wenn sie an den Auftritt des Händlers dachte. Immer wieder schimpfte sie vor sich hin – manchmal entfuhr ihr auch ein lauter Fluch. Ein solches Verhalten ziemte sich natürlich nicht für eine junge Athenerin. Eigentlich sollte sie lernen Stolz, Ruhe, Würde und Gelassenheit auszustrahlen. Sie bemühte sich auch redlich, doch Menschen wie Protaxogoras machten sie einfach wütend. Anscheinend gehörten Jähzorn und Unbeherrschtheit zu ihr wie Arme und Beine. Ihr Bruder Ariston zog sie gerne damit auf: Es wäre wohl besser, wenn ihr zukünftiger Ehemann nicht wüsste, welchen Drachen er sich da einmal ins Haus holen würde.

Wenig später war es für Andromache bereits Zeit, zu Bett zu gehen. Da es noch immer sehr heiß war, hatte ihre Mutter Schlafstellen auf dem Dach hergerichtet. Doch einschlafen konnte Andromache noch lange nicht, zu viel ging ihr im Kopf herum. Während sie zum sommerlichen Sternenhimmel hinaufblickte, wurde ihre Wut auf Protaxogoras von einem anderen Gefühl verdrängt. Voller Vorfreude dachte sie an den nächsten Tag: Die großen Panathenäen, das Fest zu Ehren der Stadtgöttin Athene, fanden nur alle vier Jahre statt und bedeuteten eine Abwechslung im täglichen Einerlei. Das galt besonders für Frauen und Mädchen, die nur selten das Haus verlassen durften. Die zahlreichen Wettkämpfe der letzten Tage und den großen Fackellauf hatte Andromache verpasst. Doch morgen beim glanzvollen Umzug würde sie dabei sein! Zufrieden schlief sie ein.

Kurz nach Sonnenaufgang war ganz Athen auf den Beinen. Feiner Staub tanzte im rötlichen Licht der Morgensonne. In den Straßen Athens waren Tausende unterwegs. An den Straßenrändern, auf den Dächern, auf den freien Flächen und Plätzen, besonders auf der Agora, verfolgten die Athener den langen Festzug, der sich langsam vom Dipylon-Tor zur Akropolis hinaufschlängelte: Voran schritten die Mädchen aus den vornehmsten Familien der Stadt, die allerlei Opfergerät, Schalen und Kannen trugen. Es folgten – mit Ölzweigen bekränzt – Athens Würdenträger: Archonten, Schatzmeister, Strategen und Priester; darauf Jünglinge, deren Aufgabe es war, die Rinder und Schafe zum Opferaltar zu führen. Musiker begleiteten die Prozession mit Flöten- und Kitharaklängen, dazu kamen Hopliten und Abordnungen der Metöken. In der Mitte des Zuges wurde das alljährliche Geburtstagsgeschenk für die Göttin transportiert: ein gewaltiges Obergewand, an dem ausgewählte Frauen und Mädchen der Stadt neun Monate lang gewebt hatten.

Andromache konnte sich an dem bunten Treiben gar nicht sattsehen: Sie entdeckte adlige Reiter, die sich mit ihren gepflegten Bärten und kostbaren Gewändern deutlich von den ärmlich gekleideten Theten abhoben. Dazu gesellten sich prächtig ausstaffierte, fremd aussehende Besucher aus ganz Griechenland und den griechischen Kolonien in Übersee. Unter den Zuschauern befanden sich auch die zahlreichen Sklaven Athens. Die Arbeit ruhte und das Leben vibrierte.

Vor der Akropolis mischte sich Andromaches Familie unter die Menschenmasse, die die leicht ansteigende, breite Treppe hinaufdrängte. Es war eng und heiß. Kurz hinter dem Eingangstor nahm Andromache einen intensiven Blutgeruch wahr. Sie sah zu Boden und erschrak: Sie stand mitten im Blut der Opfertiere, das in Rinnsalen die Treppe hinunterlief. Plötzlich drehte sich alles um sie herum und ihre Beine gaben nach.

Gerade noch rechtzeitig fing ihr Vater sie auf. „Das war wohl etwas viel für dich, was? Besser wir bringen dich hier aus der Menge raus", stellte er fest.

Andromache jammerte laut: „Ach, nein! Und mein Tuch für die Göttin? Das wollte ich ihr doch opfern!"

„Nächstes Jahr, Andro!" Andromaches Mutter strich ihrer Tochter zärtlich über die Stirn.

Ihr Bruder Ariston grinste und Andromache hörte so etwas wie: „Typisch Mädchen!"

Sie hatte gerade noch Zeit, ihm die Zunge herauszustrecken, bevor ihr Vater sie hochhob und sich mit ihr durch die Menge drängelte. „Ich bin bei Phidias, wenn ihr geopfert habt!", rief er den übrigen Familienmitgliedern zu, die sich bereits wieder in die Prozession eingereiht hatten.

Phidias war ein alter Freund von Detothenes. Als Kinder schon unzertrennlich, hatten sie das gleiche Gymnasion besucht und gemeinsam den zweijährigen Militärdienst absolviert. Phidias war ein begabter Bildhauer und Baumeister und nun seit Jahren damit beschäftigt, die von den Persern zerstörte Akropolis neu aufzubauen. Solange Andromache denken konnte, arbeitete er schon dort. Und so wie es aussah, würde er damit auch noch einige Jahre beschäftigt sein. Phidias war für die Skulpturen zuständig. Eine riesige bronzene Statue Athenes, die er vor einigen Jahren fertiggestellt hatte, stand bereits mitten auf der Akropolis. Alle Welt lobte sie. Doch damit nicht genug: Zurzeit arbeitete der Bildhauer an einer weiteren überaus prächtigen Skulptur der Göttin, die in ihrem neuen Tempel aufgestellt werden sollte. Andromaches Vater war sehr stolz darauf, solch einen berühmten Mann zum Freund zu haben.

Mit seiner Tochter auf dem Arm betrat Detothenes das lange Holzhaus, das nicht weit entfernt lag und Phidias als Werkstatt und Wohnhaus diente. Die zwölf Meter hohe Statue der Göttin, deren Holzgerüst mit Elfenbeinplättchen belegt war, ruhte auf dicken, runden Bohlen. Hinter dem Kopf der mächtigen Figur kam am anderen Ende der Hütte Phidias zum Vorschein. Neben ihm stand ein junger Mann mit dunkelblondem Lockenkopf und mürrischem Gesichtsausdruck. Andromache kannte den Burschen. Es war Patrokolos, der Helfer des Phidias.

„Ist sie nicht wunderschön, Detothenes?" Phidias ging den beiden Besuchern entgegen und deutete verzückt auf das Standbild der Athene. Auf seinem Gesicht lag Holzstaub. „Nur noch die Goldverzierungen und unsere Göttin ist fertig." Zur Begrüßung schlug er Andromaches Vater so kräftig auf den Rücken, dass es krachte. Die tägliche Arbeit mit Hammer und Stecheisen hatte den Bildhauer in ein muskelbepacktes Kraftpaket verwandelt. Und obwohl sein Haar inzwischen schütter geworden war, sah man ihm nicht an, dass er die fünfzig bereits seit einigen Jahren überschritten hatte.

Phidias griff nach einer kleinen Flasche und nahm einen kräftigen Schluck. Dann fiel sein Blick auf Andromache, die sich blass am Hals ihres Vaters festklammerte.

Er kniff sie leicht in die Wange und fragte: „Ist etwas passiert? Eigentlich solltet ihr doch unserer Göttin opfern."

„Meiner Andro ist schlecht geworden", antwortete Detothenes und legte seine Tochter auf eine Holzbank. „Außerdem wollte ich mit dir etwas besprechen."

Obwohl ihr immer noch ziemlich schlecht war, horchte Andromache auf.

„Du hast Sorgen?" Phidias merkte sofort, dass etwas nicht stimmte. Er wandte sich kurz zu seinem Helfer um und rief ihm zu, er solle draußen eine Pause machen. Patrokolos nickte und schlurfte missmutig davon.

Phidias schnitt eine Grimasse. Er konnte seinen jungen Helfer nicht besonders gut leiden. Patrokolos' Vater hatte darauf bestanden, dass Phidias seinen Sohn in die Lehre nahm. Der aber interessierte sich nicht im Geringsten für die Bildhauerei.

„Dieser Möchtegernkünstler braucht nicht zu wissen, was dich bedrückt. Also, was ist los?", fragte der Bildhauer leise und reichte seinem alten Freund die Flasche.

Detothenes nahm einen großen Schluck und beantwortete zögernd Phidias' Frage: „Es ist mir sehr peinlich. Aber ich … ich brauche Geld. Dringend. Sonst bin ich meine Werkstatt und mein Haus los. Bin da in was … hineingeraten." Es war nicht zu überhören, dass dieses Gespräch Andromaches Vater nicht leichtfiel.

„Schlimm?", fragte Phidias.

„Es geht. Man sollte sich eben genau anschauen, mit wem man Geschäfte macht. Aber ich will nicht darüber sprechen. Versteh das bitte."

„Natürlich, Detothenes. Wie viel brauchst du?" Wieder krachte die riesige Hand auf den Rücken ihres Vaters.

Phidias war der Größte! Andromaches Vater flüsterte schüchtern die Summe, die er brauchte, um seine Töpferei zu retten, und Phidias gab sie ihm.

Zu ihrer großen Freude sah Andromache, wie die Sorge aus den Gesichtszügen ihres Vaters verschwand. Nun konnte sich Protaxogoras seinen Vertrag tatsächlich dahin schieben, wo die Sonne nicht scheint. Darüber musste sie lachen. Die Übelkeit war wie weggeblasen und Andromache verspürte neuen Tatendrang. Verwundert schauten die beiden Männer sie an, als sie sich plötzlich aufsetzte und von einem Ohr zum anderen grinste.

„Alles klar, Andro?", rief der Bildhauer.

„Alles klar, Onkel Phidias!"

Als die Opferzeremonie zu Ende war, traf die restliche Familie bei Phidias ein. Zusammen gingen sie auf die Agora. Dort fand gerade der Waffentanz der jungen Männer statt. Danach gab es noch Musik- und Vortragswettbewerbe, diverse Rennen, Ringkämpfe und vieles mehr. Dazu verteilte Onkel Phidias ständig süßen Honigkuchen. Als es dämmerte, waren alle dick und rund und zufrieden.

Schließlich bekam Ariston den Auftrag, Andromache nach Hause zu bringen. Natürlich! Sie war die Einzige, die jetzt gehen musste. Andromache protestierte, aber es war zwecklos. Die Geschwister kämpften sich durch die immer noch dichte Menschenmasse. Als sie die Agora verließen, war es bereits dunkel.

# 3. Kapitel: Ein Loch in der Wand

Die kleine Seitenstraße, in der sich ihr Haus befand, lag verlassen und in tiefes Schwarz getaucht vor ihnen. Mit zwei Feuersteinen entzündete Ariston eine kleine Öllampe, die er in einer Tasche bei sich trug, aber die spendete nur wenig Licht. Fast wären Andromache und Ariston über die kleine Hermes-Statue gestolpert, die im Eingangsbereich stand. Ariston trommelte mit der Faust gegen die verschlossene Tür und wartete einen Moment. Doch im Haus rührte sich nichts.

„Sicher ist Beda eingeschlafen", vermutete der Junge.

Beda war der einzige Sklave der Familie und gleichzeitig einer der wichtigsten Mitarbeiter in der Töpferei des Vaters. Die beiden waren ein eingespieltes Team: Detothenes töpferte, Beda bemalte. An diesem Tag war er zu Hause geblieben, um die Amphoren zu verzieren, die ein wichtiger Kunde am nächsten Morgen abholen wollte. Nach dem Streit mit Protaxogoras konnte es sich Detothenes auf keinen Fall leisten, noch mehr Aufträge zu verlieren.

Erneut schlug Andromaches Bruder lautstark gegen die Tür. Aber alles blieb still.

Andromache spähte im zittrigen Licht der Öllampe die Fassade des Hauses hinauf. „Eigenartig, nicht wahr, Ari?", sagte sie und fühlte Angst in sich aufsteigen.

Ihr Bruder fluchte: „Malen kann er ja, aber ansonsten ist er ein Trottel." Er schlug zum dritten Mal an die Tür, diesmal mit leichter Panik. „Verdammt! Und was machen wir jetzt?"

Inzwischen war Andromache zur Ecke des Hauses gelaufen, um sich dort umzusehen. Zu ihrer Verwunderung entdeckte sie am Boden Reste von Lehmziegeln. Wo kamen die denn her? Mit zusammengekniffenen Augen schaute sie in den dunklen, knapp einen Meter breiten Gang, der ihr Haus von dem ihres Nachbarn trennte. Dort lagen noch mehr zerbrochene Lehmziegel.

„Komm mal her, Ari!" Andromache winkte ihren Bruder heran. Ariston hielt die Lampe in den schmalen Durchgang. Wie auf Kommando legten beide die Köpfe

schräg und spähten angestrengt in den dunklen Schlauch. Keiner sagte ein Wort. Dann sahen sie es: In der Seitenmauer ihres Hauses klaffte ein rundes, mannshohes Loch! So brachen in Athen Diebe ein. Die Lehmziegel der Häuser waren nur luftgetrocknet und kein wirkliches Hindernis für eine Hacke.

„Oh nein!", rief Andromache aus.

„Mist!", stöhnte Ariston.

„Was jetzt? Reingehen?", fragte Andromache ihren Bruder und spürte, wie sich ihre Nackenhaare aufrichteten.

„Auf keinen Fall! Wenn die Einbrecher da noch drin sind …"

Andromache rückte dichter an ihren Bruder heran und flüsterte ihm aufgeregt ins Ohr: „Aber wir können sie doch nicht entwischen lassen!"

„Nein, natürlich nicht", antwortete Ariston empört; aber sehr entschlossen klang das nicht.

Nicht zum ersten Mal hatte Andromache das Gefühl, dass ihr Bruder zwar kräftig, aber nicht besonders mutig war. Dabei trainierte er doch fast täglich mit seinen Freunden im Gymnasion.

Ariston räusperte sich und besann sich darauf, dass er der Mann war. Er musste entscheiden, was zu tun war. „Hör zu, Andro! Lauf auf die Agora zurück und such Vater, Phidias und noch ein paar Männer. Sie sollen …"

„Sicher nicht!", unterbrach sie ihn flüsternd. „Erst muss ich nach Hause, weil es für mich zu spät ist auf dem Fest. Dann soll ich allein durch die Dunkelheit zurück und Vater suchen? Niemals!"

„Sollen wir vielleicht beide gehen?", flüsterte Ariston unentschlossen.

„Und wenn die Einbrecher noch da sind? Nein, ich bleibe hier und verstecke mich da hinter dem Karren. Dann sehe ich sie wenigstens, wenn sie abhauen. Ohne Täter keine Entschädigung."

„Na gut …", seufzte Ariston. „Komm aber ja nicht auf die Idee, allein da reinzugehen!"

„Nein, natürlich nicht", versprach Andromache, aber es klang nicht sehr überzeugend.

Ihr Bruder tätschelte ihr noch einmal die Schulter und verschwand mit der Öllampe in die Nacht.

Jetzt war sie allein in der Dunkelheit. Andromache wusste, dass sie es nicht schaffen würde, einfach nur dazustehen und zu warten. Sie musste nachschauen, was passiert war. Also setzte sie vorsichtig einen Fuß vor den anderen und suchte tastend das Loch in der Wand. Als sie es erreicht hatte, duckte sie sich und schlüpfte ins Haus.

Sie befand sich in der Küche. Vom Hof fiel zartes Mondlicht zur Tür herein. Ihre Augen gewöhnten sich schnell an die Dunkelheit und sie erkannte die Umrisse der Feuerstelle. Bewegungslos blieb sie stehen und horchte angestrengt. Nichts, alles war still. Oder doch nicht? Kaum hörbar vernahm sie ein Stöhnen, das aus der Werkstatt zu kommen schien. Andromache erstarrte. Der Schweiß auf ihrer Haut umfing sie wie ein kalter, feuchter Umhang. Jetzt war wieder alles ruhig.

Sie nahm sich ein Herz und trat einen Schritt vor, dann den nächsten und noch einen. Auf diese Weise durchquerte sie die Küche und erreichte schließlich die Tür zum Hof. Dort presste sie sich flach an die Wand und tastete sich langsam vorwärts.

Wieder blieb sie kurz stehen und lauschte angestrengt. Das Stöhnen war jetzt deutlich zu hören. Vorsichtig spähte sie um die Ecke. Im Mondschein konnte sie auf der Schwelle einen menschlichen Körper ausmachen. Beda! Seine Augen waren geschlossen, von seiner Stirn rann Blut und sein Kopf bewegte sich wie im Fieber hin und her.

Gerade wollte ihm Andromache zu Hilfe kommen, als sie plötzlich eine Stimme vernahm – eine tiefe Männerstimme mit starkem Akzent: „Die sinde wech! Wir hab den Lade ausgenomme, einschließ von den dumme Malsklave. Alle Vase und so sinde kaputt. Lasse uns abhaue, Ephoros!"

Andromache erschrak. Die Einbrecher waren noch in der Werkstatt!

„Moment noch", antwortete eine andere Männerstimme. „Hier gibt's noch ein paar hübsche Schmuckstücke. Dieser verdammte Protaxogoras zahlt nicht gerade viel für die Drecksarbeit, die wir hier machen."

Andromache zuckte zusammen. Also daher wehte der Wind! Protaxogoras hatte diese beiden finsteren Gestalten bei ihrem Vater vorbeigeschickt, um die Ware zu zerschlagen. Und den armen Beda hatten sie gleich mit außer Gefecht gesetzt.

„Ephoros!" Die Stimme des ersten Mannes bekam einen drängenden Tonfall. „Mache hinne. Lose jetzt! Wenn die was geriecht habt, holt die jetzt Hilfen. Dann sinde wir drauf."

„Bei Apollo, manchmal verstehe ich nicht, was du da eigentlich brabbelst, Artabanos, alter Barbar", schnauzte der zweite Mann, der jetzt schwer beladen die Werkstatt verließ. Über den regungslosen Beda stieg er ungerührt hinweg.

Kurz erkannte Andromache seine Gestalt: Dieser Ephoros war ein langer Kerl mit spitz vorstehendem Kinn, der in einem schmuddeligen Chiton steckte. Seinen Mantel hatte er zu einer Art Sack umfunktioniert. Darin eingewickelt zog er seine scheppernde Beute hinter sich her,

23

dass es von den Wänden des Hofs nur so widerhallte. Ephoros störte dieser Krach offensichtlich nicht weiter. Er schien sich absolut sicher zu sein, dass alle Nachbarn auf dem Fest der Athene weilten. Und tatsächlich war der Zeitpunkt für den Einbruch günstig gewählt.

„In Ordnung, lass uns abhauen, du Hasenfuß!", rief der Dieb seinem Kumpan zu, der sich noch in der Werkstatt befand.

„Wasse mitte den da?" An der Türschwelle blieb der erste Mann stehen. Er war kleiner als Ephoros, aber kräftiger gebaut.

„Der ist schon fast am Ende. Lass ihn. Wir verduften!"

Mit schnellen Schritten gingen die beiden dicht an Andromache vorbei, die in der Dunkelheit immer noch steif wie eine Statue an die Wand gepresst stand.

„Verdammt dunkel hier!", fluchte Ephoros in der Küche.

„Ja, verdammte dunkele!"

Geräuschvoll quetschten sich die Einbrecher durch das Mauerloch auf die Gasse.

Andromache war verzweifelt. Hier lag Beda und röchelte. Und dort flohen gerade die beiden Verbrecher, die das ganze Unglück angerichtet hatten. Wie sollte sie beweisen, dass Protaxogoras hinter allem steckte?

Sie lief zur Werkstatt und beugte sich zu Beda hinunter. Fieberhaft überlegte sie, was zu tun war. Da fiel ihr das Tuch ein, das sie heute eigentlich der Göttin hatte opfern wollen und das sie immer noch bei sich trug. Notdürftig verband sie damit Bedas Kopfwunde. Dann flüsterte sie: „Papa kommt gleich, Beda! Ich muss rausfinden, wo diese Kerle hingehen. Das verstehst du doch, oder? Entschuldige." Als sie den Sklaven leicht an der Schulter berührte,

24

schlug er kurz die Augen auf. Seine Atmung ging wieder gleichmäßiger – er würde es schaffen!

Andromache seufzte tief, dann schlich sie in die Küche und stieg ebenfalls durch das Loch in der Mauer. Draußen horchte sie kurz, welche Richtung die beiden Einbrecher eingeschlagen hatten, und nahm die Verfolgung auf.

# 4. Kapitel: Durch die Nacht

Trotz der Dunkelheit war es erstaunlich einfach, Ephoros und Artabanos zu folgen. Immer wenn Andromache
glaubte sie verloren zu haben, horchte sie kurz und hörte
augenblicklich ein dumpfes Scheppern. Sie musste sich
noch nicht einmal anstrengen selbst leise zu sein.

Fröhlich plappernd zogen die Einbrecher das Beutegut
hinter sich her und erreichten bald das Dipylon-Tor an
der westlichen Stadtmauer. Der ganze Bereich war von
Fackeln erhellt. Viele Männer und Frauen trafen sich dort
und feierten den Ausklang des Festtages. In einigen Schenken nahe beim Tor ging es noch hoch her. Man hörte raues
Lachen und hohes Gekicher. Weindunst lag in der Luft.

Andromache spürte die Blicke der Männer in ihrem
Rücken. Sie fühlte sich unwohl. Noch nie war sie allein
in Athen herumgelaufen. Sie zuckte immer wieder zusammen, wenn sich dunkle Gestalten aus den Schatten der
Häuser lösten. Erst jetzt gestand sich Andromache ein,
dass es schon eine ziemlich idiotische Idee war, sich nachts
allein auf Verbrecherjagd zu begeben.

Ängstlich blickte sie sich nach allen Seiten um, bevor
sie ihren Weg fortsetzte. Dabei verlor sie die Einbrecher
aus den Augen. Gerade noch rechtzeitig sah sie, wie die
beiden vorbei am Altar des Zeus durch das Tor die Stadt
verließen. Schnell schloss Andromache wieder zu den
Männern auf und folgte ihnen in gebührendem Abstand
immer weiter in Richtung ...

Dem Mädchen lief ein Schauer über den Rücken. Auf
einmal glaubte sie zu wissen, wo ihre nächtliche Jagd enden
würde. Inständig hoffte sie, dass sie sich irrte – aber sie

behielt recht: Bereits nach wenigen hundert Metern bog erst Ephoros und dann Artabanos in Richtung Nekropole ab. Die Totenstadt in der Nähe des großen Stadttors war ein geeigneter Treffpunkt für Geister und Gauner, aber nicht für ein zwölfjähriges Mädchen. Und schon gar nicht mitten in der Nacht! Mit zitternden Beinen blieb Andromache stehen. Inzwischen umgab sie völlige Dunkelheit und die Stille wurde nur durch das Geklapper der Beute gestört. Einen Moment überlegte sie, ob sie umkehren sollte. Dann seufzte sie und nahm die Verfolgung wieder auf. Jetzt aufzugeben kam nicht infrage!

Kurze Zeit später erreichte Andromache die Totenstadt. Vorsichtig schlich sie zwischen den Grabhügeln hindurch, in denen ganze Familien samt ihren Sklaven

begraben lagen. Unheimlich war es hier! Auf einmal spürte Andromache, wie sich ihr von hinten eine dürre, spitze Hand auf die Schulter legte. Nur mit Mühe konnte sie einen Schrei unterdrücken. Ängstlich drehte sie sich um, entdeckte aber nichts außer ein paar verdorrten Ästen, die in den Weg hineinragten. Dabei übersah sie einen Erdhaufen, stolperte und fiel zwischen zwei Gräber, die mit hohen Vasen geschmückt waren. Angewidert spuckte Andromache die feuchte Erde aus. Lange lagen die Toten hier noch nicht.

Schnell rappelte sie sich auf und blickte sich um: Wo waren Ephoros und Artabanos? Wind war aufgekommen. Wolken jagten über den Himmel und verdeckten den Mond.

Plötzlich rief eine bekannte Stimme ganz in ihrer Nähe: „Warum kommt ihr so spät?"

Protaxogoras! Andromache erstarrte und sah sich nach einem geeigneten Versteck um. Hinter einem kleinen Strauch ging sie schließlich in die Hocke.

„Habt ihr euren Auftrag erledigt?"

„Kann man wohl sagen", antwortete Ephoros. „Alles kleingemacht! Vasen, Schalen, Becher und den Sklaven gleich mit. Der taugt nur noch fürs Scherbengericht."

„Ihr habt den Sklaven umgebracht? Verdammt! Den wollte ich diesem Detothenes abkaufen, wenn er bei mir um Kredit winselt. Der Kerl war ein echter Künstler", fluchte Protaxogoras.

„Iste nich ganz kaputte, der Sklave. Nur halbe!"

„Das ist mir egal. Ihr habt Mist gebaut, ihr Trottel! Dafür gibt's nur die Hälfte des Lohns! – Ist das dunkel hier. Habt ihr keine Lampe dabei?"

Andromache presste sich flach auf den Boden und hoffte bei Athene, dass sie niemand entdecken würde. Zwei Steine wurden aneinandergeschlagen, dann erhellte eine Fackel die Umgebung. Da standen sie: Protaxogoras, Ephoros, Artabanos – und der junge Helfer von Phidias, dieser Patrokolos. Letzterer lehnte lässig an einem verwitterten Altar, auf dem noch die Reste eines Tieropfers zu erkennen waren.

Andromache dachte an das viele Blut und fühlte, wie sich ihre Angst in Panik verwandelte. Nur mit Mühe beherrschte sie den Drang wegzulaufen. Dann hörte sie Ephoros sagen: „Warum müssen wir uns immer hier treffen? Dieser Ort passt mir gar nicht!"

„Das hab ich euch schon mal erklärt. Für unsere Art von Geschäften ist es besser, wenn wir nicht miteinander gesehen werden. Und sagt jetzt nicht, dass sich Geschäfte mit dem alten Protaxogoras nicht lohnen!"

Ephoros antwortete schnell: „Ja, ja, schon gut. Also? Für den Einbruch bekommen wir zehn Drachmen. Für den erschlagenen Sklaven kannst du zwei abziehen. Wenn du uns weniger zahlst, sorgen wir dafür, dass du mit Charon über den Styx fährst!"

Protaxogoras schluckte hörbar. Und ohne auch nur Einspruch zu erheben, gab er Ephoros das Geld.

Wie kann ein so riesiger Kerl nur so ein Feigling sein?, fragte sich Andromache. Einen Moment lang wich ihre Angst einer tiefen Verachtung für den Händler.

„Wir wär's mit einem neuen Geschäft, bei dem so richtig was rausspringt?" Protaxogoras hatte schon wieder Oberwasser.

„Was denn sollen dasse sein?", fragte Artabanos.

„Was meint er?", wandte sich Protaxogoras stirnrunzelnd an Ephoros.

„Was das für ein Geschäft sein soll", übersetzte Ephoros und schlug seinem Kameraden mit der flachen Hand in den Nacken. „Mann, sprich deutlich!"

Protaxogoras interessierte sich nicht für die Reibereien seiner Geschäftspartner. Mit theatralischer Geste schlang er sich seinen Mantel um die Schultern und sprach weiter: „Also, passt auf! Dieser junge Mann hier hat mir heute etwas sehr Interessantes erzählt. Kennt ihr Phidias, den Bildhauer?" Ohne auf eine Antwort zu warten, fuhr der Händler fort: „Phidias ist ein berühmter Bildhauer. Er arbeitet gerade an einer kolossalen Statue der Göttin Athene. Das Grundgerüst besteht zwar nur aus Holz, aber bedeckt wird sie mit … Na, womit wohl?" Protaxogoras kicherte hektisch und wippte auf den Zehenspitzen vor und zurück.

„Nix wissen!" Artabanos zuckte mit den Schultern.

„Keine Ahnung", pflichtete Ephoros seinem Freund bei.

„Gold!", juchzte Protaxogoras und legte väterlich einen Arm um Patrokolos, der das vorangegangene Gespräch mit regungsloser Miene verfolgt hatte. „Goldblech, um genau zu sein. Und mein junger Freund hier hat mir freundlicherweise erzählt, wie Phidias dieses Goldblech nach Athen schaffen will. Dieses Mal hat er nämlich …"

In diesem Moment wurden die Worte des Händlers von einer Windböe erfasst und verschluckt. So sehr sich Andromache in ihrem Versteck auch anstrengte, sie verstand nichts. Als sich der Wind wieder gelegt hatte, war es zu spät: Der Händler hatte seinen Plan bereits erläutert.

„Was meinst du, Artabanos?", wandte sich Ephoros an seinen Kumpan.

„Ich meinen, da iste auche viele Risikonten!"

„Was sagt er?", fragte Protaxogoras.

„Egal", antwortete Ephoros schnell. „Wie viel ist drin?"

„Zehn Talente, vielleicht auch mehr. Für mich, dich und deinen Freund da." Er kicherte. „In einer Woche könnt ihr reich sein."

„Wehe, du willst uns verkohlen, Protaxogoras! Also gut, wir ..."

Andromache hatte genug gehört. Zehn Talente – das war ein Vermögen! Sie zog scharf die Luft ein und dummerweise etwas staubige Erde gleich mit. Vergeblich versuchte sie den Hustenreiz zu unterdrücken, den sie augenblicklich verspürte.

Das Gespräch der Männer verstummte. Und noch bevor Andromache einen klaren Gedanken fassen konnte, spürte sie eine Hand im Genick, die sie brutal auf die Füße riss. Immer noch hustend blickte sie zuerst in Ephoros' überraschtes Gesicht und dann in ein Paar weit aufgerissene, kaltblaue Augen.

„Wen haben wir denn da?", fragte Protaxogoras. „Ist das nicht ... das ist doch die Tochter von diesem Detothenes, dem Töpfer", keifte er dann los. „Sag mal, Ephoros, was seid ihr eigentlich für Experten? Ein Mädchen folgt euch und ihr bekommt das nicht mal mit?"

„Jetzt haben wir sie ja", brummte Ephoros beleidigt. Er war zutiefst in seiner Ganovenehre getroffen. Andromache zappelte in seinem festen Griff.

Erst jetzt wurde sich Protaxogoras der Tragweite ihrer Entdeckung bewusst. „Sie hat alles mitgehört. Sie muss verschwinden! Ertränkt sie meinetwegen im Meer", keuchte er aufgeregt.

„Hm, ich glaube, ich weiß da was Besseres", flüsterte Ephoros gehässig Artabanos zu und kratzte sich am Kinn.

Das Letzte, was Andromache sah, waren Ephoros' Augen, die mitleidlos im Fackelschein funkelten. Dann wurde sie ohnmächtig.

# 5. Kapitel: Ein böses Erwachen

Die Begegnung mit Andromache brachte Protaxogoras nur kurzzeitig aus der Fassung. Schließlich hatte Ephoros ja versprochen, das Mädchen zu beseitigen. Als ehemaliger Söldner hatte er damit Erfahrung. Außerdem war er ein zuverlässiger Mann. Dass er die Tochter des Töpfers nicht früher bemerkt hatte, war wohl nur ein kleiner Ausrutscher gewesen.

Rasch verabschiedete sich der Händler von seinen Komplizen und ging auf schnellstem Weg nach Hause.

Zufrieden ließ er sich dort in die zahlreichen Kissen seines Bettes sinken und schlief augenblicklich ein: Im Traum sah er sich selbst in göttlicher Pose auf der Akropolis stehen. Er war über und über mit Gold bedeckt – wie eine Statue …

Am nächsten Morgen erwachte er gut gelaunt. Mit dem Goldblech von Phidias würde sein Traum bald Wirklichkeit werden! Dass dieses Gold für die Göttin Athene gedacht war, störte ihn nicht. Er würde ihr ein Extraopfer bringen, vielleicht sogar ein ganzes Rind. Mit einer Göttin sollte man es sich schließlich nicht verscherzen.

Fröhlich pfeifend trabte Protaxogoras in eines der öffentlichen Badehäuser, schwatzte mit diesem und jenem und verbrachte den Morgen mit ausgedehnter Körperpflege. Danach stärkte er sich mit einem ausgiebigen Mahl: einem halben Zicklein, Gemüse, Zwiebeln, Oliven, Fisch, etwas Obst und zum Abschluss mit ausgewählten Süßigkeiten.

Nun war es an der Zeit, Detothenes aufzusuchen. Protaxogoras wollte sein Angebot erneuern. Jetzt, da die gesamte Ware zerschlagen war, gab es für den Töpfer keinen Ausweg mehr: Er musste verkaufen – sein Haus und seinen Sklaven gleich dazu. Natürlich würde ihm Protaxogoras großzügig eine Stellung in einer seiner Werkstätten anbieten. Schließlich war er ja kein Unmensch.

Zur Mittagsstunde schlenderte der Händler gut gelaunt zum Haus des Töpfers und klopfte an. Es dauerte eine ganze Weile, bis Detothenes öffnete. Er sah aus, als hätte er die ganze Nacht nicht geschlafen. Wahrscheinlich hatte er bis in die Morgenstunden nach seiner Tochter gesucht.

Protaxogoras unterdrückte mit Mühe ein schadenfrohes Grinsen. Stattdessen setzte er eine etwas künstlich wirkende Trauermiene auf. „Guten Morgen, Detothenes. Ich habe gerade im Badehaus gehört, dass letzte Nacht bei Euch eingebrochen wurde. Ich hoffe, es ist niemand zu Schaden gekommen?" Dank seiner Größe konnte er mühelos über Detothenes' Schulter hinweg ins Haus schauen. Er sah einige Männer aus der Nachbarschaft, die sich unterhielten. Sicher Helfer bei der Suche nach dem Mädchen.

„Ich wüsste nicht, was Euch das angeht", erwiderte Detothenes müde.

„Nun, man erzählte mir, dass Eure Werkstatt samt allen Waren zerstört wurde. Und dass Eure Tochter verschwunden ist. Was für ein Jammer! Ihr habt mein Mitleid." Protaxogoras versuchte zu lächeln. Aber angesichts der starren Miene des Detothenes wollte ihm das nicht so recht gelingen.

„Nun ja, das Leben geht weiter", fuhr der Händler rasch fort. „Und es hat mich gesandt, um Euch die Not erträglicher zu machen. Verkauft mir Euer Haus und …"

Weiter kam er nicht. Hinter Detothenes erschien Phidias, der Bildhauer. Mit einem langen Schritt schob er sich an dem Töpfer vorbei und baute sich vor Protaxogoras auf. Er packte ihn am Chiton und zog ihn so dicht zu sich heran, dass der Händler seinen Atem spüren konnte. „Jetzt hör mir mal zu, Freundchen!"

Protaxogoras zuckte zurück. Sein Vater hatte stets seinen Mangel an Entschlossenheit beklagt und ihn verschiedenen Härtetests unterzogen. Aber alle Bemühungen hatten nichts genützt: Protaxogoras' Körperkraft stand in einem umgekehrten Verhältnis zu seinem Mut. Und ein Auftreten wie das des Phidias machte ihm höllische Angst.

„Wenn hier einer Detothenes hilft", brüllte Phidias, „dann bin ich das! Mein Freund wird dir nichts verkaufen! Da kannst du sicher sein, du elender Menschenschinder!" In den Augen des Bildhauers lag Verachtung. Dann stieß er Protaxogoras mit unheimlicher Kraft von sich, sodass dieser mit einem lauten Schrei auf seinem Hinterteil landete.

Phidias beugte sich zu ihm herunter und fügte mit drohender Stimme hinzu: „Und wenn ich erfahre, dass du etwas mit dem Einbruch zu tun hast, werde ich dafür sorgen, dass du Athen nie wiedersiehst. Darauf kannst du dich verlassen. Und jetzt hau ab!" Damit schob er Detothenes behutsam ins Haus und schloss die Tür hinter sich.

Protaxogoras brauchte etwas Zeit, um zu verstehen, was da gerade passiert war. Elender Menschenschinder? Er spürte, wie ihm die Zornesröte in die Wangen schoss. Was bildete sich dieser Kerl ein? Von nichts kommt nichts, das hatte ihm sein Vater immer wieder eingebläut. Wer nicht in der Lage war, Geld zu machen, der war nichts wert. Geld ist Macht. Und Macht verdient Respekt. Menschenschinder, pah! Was wusste der schon? Die Götter liebten ihn. Hätten sie ihm sonst so viel Erfolg zuteilwerden lassen? Er war reich und Detothenes arm. War das nicht Beweis genug?

„Elender Menschenschinder", wiederholte er noch einmal ungläubig. Dann schrie er in Richtung Tür: „Wir werden ja noch sehen, wer am Ende die Götter auf seiner Seite hat. Du und dieser arme Schlucker – oder ich, Protaxogoras!"

Plötzlich bemerkte er die Kinder, die um ihn herumstanden. „Haut ab, verdammte Bettelbande!", brüllte er.

Aber die stummen Zuschauer blieben, wo sie waren. Sie starrten ihn neugierig an und grinsten. Mühsam rappelte Protaxogoras sich auf, klopfte den Staub von seinem Chiton und stapfte davon. Zwar hatte er vorgehabt, noch etwas auf der Agora herumzuschlendern, aber die Lust war ihm gründlich vergangen. In der Mittagssonne schwitzend, schlurfte er durch die Gassen der Stadt. Unterwegs machte er immer wieder halt, lehnte sich an Häuserwände und schnaubte wie ein verwundeter Ochse. Empört und verwirrt versuchte er seiner Aufregung Herr zu werden.

Phidias! Bei dem Gedanken an den Bildhauer verfinsterte sich Protaxogoras' Miene noch mehr. Er hatte ihn beleidigt und gedemütigt. Er musste bloßgestellt und aus Athen vertrieben werden! Und Detothenes gleich mit. Doch wie sollte er das anstellen?

Protaxogoras steckte seinen linken kleinen Finger in den Mund und begann daran zu lutschen. Das tat er immer, wenn er angestrengt nachdachte. Plötzlich erhellte ein hinterhältiges Grinsen sein Gesicht. Er machte auf der Stelle kehrt und begab sich zum Rat der Fünfhundert. Phidias und Detothenes würden es noch bereuen, sich mit ihm angelegt zu haben.

# 6. Kapitel: Gefangen

Andromache erwachte frierend und mit schmerzendem Rücken. Um sie herum herrschte völlige Dunkelheit. Sie lag auf einer stinkenden alten Decke – darunter nichts als harter Stein. Es dauerte eine ganze Weile, bis sie wusste, wo sie war. Augenblicklich stieg wieder die Verzweiflung in ihr auf, die sie in den vergangenen Stunden – oder waren es Tage? – so oft überkommen hatte.

Wo hatte man sie hingebracht? Noch einmal ging sie in Gedanken jedes Detail ihrer Verschleppung durch: Abwechselnd hatten Ephoros und Artabanos sie getragen, während sie immer weiter Richtung Nordwesten gewandert waren. Am Anfang war es Andromache noch gelungen, sich den Weg einzuprägen, doch schon nach kurzer Zeit hatte sie völlig die Orientierung verloren. Über ihren Fluchtversuch bei einer kurzen Rast hatten die beiden Männer nur lauthals gelacht.

Seitdem war Andromache in eine hilflose Starre verfallen: Ohne sich zu wehren, war sie an einer Strickleiter in die feuchte Höhle hinabgestiegen, die einer bauchigen Amphore glich. Reglos hatte sie dann zugesehen, wie die Leiter wieder hinaufgezogen wurde und ihre Entführer sich entfernten.

Danach dämmerte sie mehr oder weniger vor sich hin – wie lange schon, konnte sie nicht sagen. Die Verbrecher hatten ihr etwas Wasser und Brot dagelassen, das sie schon längst aufgebraucht hatte. Aber schlimmer als Hunger und Durst war die Panik, die sie in den Wachphasen überkam: Wie sollte sie jemals aus diesem Gefängnis herauskommen?

Auch jetzt legten sich Dunkelheit und Kälte mit aller Macht auf ihr Gemüt. Andromache fühlte sich so einsam wie noch nie in ihrem Leben. Sie weinte, bis sie irgendwann erneut in einen unruhigen Schlaf fiel.

Andromache wurde von einem vertrauten Geräusch geweckt: Da waren menschliche Stimmen – gar nicht weit von ihr entfernt! Gab es doch noch Hoffnung? Augenblicklich erwachte das Mädchen aus ihrer Starre und tappte unter das Einstiegsloch ihres Gefängnisses. Etwa zwei Manneslängen über ihr tat sich das helle Blau des Himmels auf. Hier waren die Stimmen noch deutlicher zu hören.

Andromache begann leise zu rufen: „Hilfe! Hallo! Ist da wer?!"

Niemand antwortete.

Sie legte die Hände an den Mund und schrie mit aller Kraft, bis aus ihrer trockenen Kehle nur noch ein heiseres Krächzen kam.

Schließlich erschien ein kleiner Kopf über der Öffnung ihres Gefängnisses. „Bisse du wache, Schatzchen? Schlafst nichte mehr?" Artabanos lachte so laut in den Schacht hinein, dass es in ihrem feuchten Höhlenverlies widerhallte.

„Mache nichte so viele Krachen! Nix weglaufe von unten. Da nix raus. Durste?" Artabanos ließ an einem langen Seil eine kleine, schlanke Amphore hinunter. „Iste Wein drinne! Trinkste und stille biste! Klaren?"

Andromache griff nach dem Krug und sah, wie Artabanos' Kopf wieder verschwand.

„Komm zurück! Hallo! Was habt ihr mit mir vor?" Andromache verstand nicht, was das alles sollte. Wollten sie sie in ihrem Verlies versauern lassen? „Verdammt! Komm zurück, du Barbar! Ich habe Hunger! Hol mich hier raus!"

Aber Artabanos blieb verschwunden. Gefangen wie ein wildes Tier saß sie in einer Höhle und war auf Gedeih und Verderb diesen Halunken ausgeliefert.

Andromache begann laut zu schluchzen. „Das ... könnt ihr ... doch nicht ... machen!"

„...achen, ...achen!", hallte es dumpf von den Wänden wider.

Die kleine Amphore umklammernd, tastete sich Andromache zurück zu ihrem Lager. Noch vor Kurzem war sie glücklich gewesen. Zusammen mit ihrer Familie und Onkel Phidias hatte sie auf der Agora gelacht, getanzt und gegessen. Auf einmal war die Erinnerung daran so stark, dass sie glaubte, den süßen Honigkuchen zu schmecken. Aus ihrem Schluchzen war inzwischen ein leises Wimmern geworden. Mit einem Zipfel ihres Chitons, an dem noch Bedas Blut klebte, wischte sie sich schließlich den Rotz von der Nase und lauschte angestrengt auf die Geräusche über ihrem Kopf.

Hin und wieder hörte sie lautes Männerlachen und Stimmengewirr, zwischendurch ein Meckern wie von einer Ziege. Wie viele es wohl waren? Außer Artabanos, den Andromache leicht an seiner seltsamen Sprache erkannte, schienen sich noch mindestens zwei weitere Männer vor ihrer Höhle aufzuhalten. Ephoros hatte sie noch nicht ausmachen können. Die Stimmen kamen näher.

„Dämlichen Protaxogoras wollten totmachen kleine Hex. Ephoros sag, besser verkauf die. Protaxo das nix wissen!"

„Klar", hustete eine tiefe Stimme. „Bringt doch viel mehr, die Göre zu verkaufen. Artabanos, gib mal den Wein rüber!"

„Sollste niche trinke! Biste ja ganz besäuft!"

„Na unde?", äffte jemand Artabanos nach. „Ihr habt die ganze Zeit gesoffen und ich drehe hier diese blöde Hammelkeule."

„Iste richtiges Arbeit für diche, Kalixtes."

„Halt die Klappe, Barbar!"

„Biste selbste Barbar!"

Andromache erstarrte. Das also drohte ihr: Sie sollte verkauft werden! Sie würde ihre Familie niemals wiedersehen. Niemand würde kommen und sie befreien. Wie auch? Sie wusste ja noch nicht einmal selbst, wo sie war.

„Dieser elende Protaxogoras!", murmelte Andromache und dachte an den Händler mit den kalten blauen Augen. Er war für all ihr Unglück verantwortlich.

Sie schüttete als Opfergabe etwas Wein aus der Amphore auf den Boden und sprach ein Bittgebet an die große

Göttin: „Hilf mir, Athene! Ich werde nie wieder fluchen. Gehorchen will ich auch. Aber befrei mich aus dieser Höhle. Ich bitte dich!"

Plötzlich schrak sie auf. Von einem Moment auf den anderen war oben der Hades los: Lautes Stimmengewirr drang zu ihr, Flüche und wirre Kommandos gingen durcheinander. Zuerst dachte Andromache, die beiden Ganoven hätten sich wegen des Weins in die Haare gekriegt. Aber da war noch etwas anderes: ein seltsames Geräusch, das wie das Heulen oder Knurren eines wilden Tieres klang. *Irgendjemand* oder *irgendetwas* griff dort oben ihre Bewacher an. Und es schien den Männern weit überlegen zu sein, denn aus ihren Stimmen sprach die nackte Angst.

„Kalixtes, da es iste! Passe auf … hinter dire!"

„Nein, dort, direkt hinter *dir!* Nun tu doch was!"

„Iste uberall? Megakles, gibt mir den Lanzen!"

Andromache vernahm Kampfgetümmel. Da oben schienen Menschen mit Dämonen zu ringen.

„Gibt mir den Lanzen!"

„Großer Zeus, steh uns bei!"

„Aah! Verdammte!"

Mehrere Körper schlugen dumpf auf den Boden auf – danach war es bedrohlich still. Es folgte ein Triumphgeheul, das nicht von dieser Welt zu sein schien.

Andromache bekam es mit der Angst zu tun und schaute mit weit aufgerissenen Augen zum Loch in der Höhlendecke. Ein Schauer lief ihr über den Rücken. Hatte Athene sie vielleicht missverstanden? Mit einem Mal war sich das Mädchen gar nicht mehr so sicher, ob sie wirklich befreit werden wollte.

Schlagartig verstummte das Kreischen und Andromache sah, wie das Ende der Strickleiter in ihr Verlies herabfiel. Jetzt bin ich an der Reihe!, schoss es ihr durch den Kopf. Sie drückte sich an die Wand und hob die kleine Amphore über ihren Kopf – bereit, sie auf das Wesen zu werfen, sollte es zu ihr herabsteigen.

# 7. Kapitel: Leonidas

Es geschah … nichts. Niemand kam die Leiter herunter, niemand griff an. Das einzige Geräusch, das in Andromaches Verlies drang, war das Meckern der Ziege. Anscheinend hatte das Ungeheuer genug gewütet und war verschwunden. Artabanos und seine Kumpanen waren tot, da war sich das Mädchen sicher. Merkwürdig nur, dass das unheimliche Wesen die Ziege verschont hatte.

Misstrauisch beäugte Andromache die Strickleiter, die vom Höhleneingang herunterhing. Schließlich siegte ihre Neugier. Vorsichtig tappte sie unter das Loch in der Decke und schaute nach oben. Da weiterhin nichts zu sehen war, nahm sie sich ein Herz, raffte mit der linken Hand ihren Chiton und kletterte langsam hinauf.

Auf der obersten Sprosse verharrte sie, schob ihren Kopf über den Rand und schaute sich vorsichtig um. Nach der Dunkelheit in der Höhle mussten sich ihre Augen erst wieder an das grelle Sonnenlicht gewöhnen. Das Erste, was Andromache erkannte, waren ihre Bewacher: Säuberlich verschnürt und geknebelt lagen sie nicht weit von ihr entfernt nebeneinander auf dem Boden. Tot waren sie allerdings nicht: Sie zappelten und versuchten vergeblich sich zu befreien.

Links von ihnen brannte ein Lagerfeuer. Dahinter kauerte eine kleine, schmächtige Gestalt mit kahl rasiertem Schädel, auf dem unregelmäßig verteilt schwarze Haarbüschel sprossen. Andromache schluckte. Zwar hatte sie etwas wesentlich Bedrohlicheres erwartet – etwas mit Krallen und Reißzähnen, groß und behaart –, aber dieses kleine Kerlchen, das da entspannt eine Hammelkeule über dem Feuer drehte, war ihr nicht geheuer. Da das Wesen sie jedoch nur kurz mit einem gelangweilten Blick bedachte, fasste Andromache neuen Mut und wagte sich ganz aus dem Loch heraus, ohne den Blick von der seltsamen Gestalt abzuwenden.

Bei näherem Hinsehen erkannte sie, dass es sich um einen ganz normalen Jungen handelte. Er war etwas größer und älter als sie selbst, allerdings unglaublich dürr. Trotz der Wärme trug er einen dunkelroten wollenen Umhang und hatte einen kreisrunden Schild aus Bronze mit Lederriemen auf dem Rücken festgeschnallt. In seinem Schoß lag eine Lanze mit eiserner Spitze. Die Füße waren nackt und schmutzig. Auch Umhang, Knie, Kopf und Arme konnte man nicht gerade sauber nennen.

Andromache blieb starr wie eine Statue stehen und beobachtete den Jungen aus sicherer Entfernung. Hin und wieder wehte der Wind Schweiß- und Bratengeruch zu ihr herüber.

„Willst du noch lange da rumstehen?" Trotz seines fremdartigen Aussehens war der Junge ihrer Sprache mächtig.
Seine Stimme strahlte Ruhe und Gelassenheit aus. Er hob
den Kopf und blickte sie aus müden Augen fragend an.

Nervös trat Andromache zum Feuer und hockte sich
auf einen großen, runden Stein – dem Jungen direkt
gegenüber. „Warst du das?", fragte sie und zeigte mit dem
Daumen hinter sich auf die drei Gefesselten.

„Ja, klar! Oder siehst du hier sonst noch jemanden?",
antwortete der Junge zufrieden.

„Eigentlich nicht", sagte Andromache möglichst bei-
läufig. Dann begann ihr Magen laut zu knurren.

„Hunger?" Das dürre Kerlchen schaute sie grinsend an.

„Ja", sprudelte es aus ihr heraus, „sehr sogar!"

Wortlos holte der Junge eine kurze Klinge unter seinem
Umhang hervor, schnitt ein langes Stück von der Keule
und reichte es ihr.

„Danke!" Andromaches Hunger befahl ihr, alles auf
einmal hinunterzuschlingen. Als sie aber sah, wie bedäch-
tig ihr Gegenüber kaute, hielt sie sich zurück.

„Wer bist du?", fragte sie.

„Leonidas, Sohn des Tarmenides. Aus Sparta!"

„Aus Sparta?" Andromache verschluckte sich und musste husten. Ihr fielen die Schauergeschichten ein, die ihr
Ariston erzählt hatte: Spartaner waren kämpferische
Männer, die ihr Leben lang für den Krieg übten. Sie hatten ein ganzes Volk versklavt und ließen sich nun von
ihren Gefangenen versorgen. Ihre Nahrung bestand aus
Blutsuppe und rohem Fleisch. Und ihre Kinder litten
ständig Hunger und Durst und wurden einmal im Monat
ausgepeitscht, damit sie sich an Schmerzen gewöhnten.

„Ja, aus Sparta!", bekräftigte Leonidas mit Stolz.

„Und … und was machst du hier … Leonidas?"

„Ich lerne List und Tücke. Ich bleibe drei Monate von zu Hause fort und bewege mich wie ein Schatten."

„Soso, drei Monate wie ein Schatten", wiederholte Andromache. Sie wurde mutiger. „Und da schleichst du so durch die Wälder und schlägst ein paar Leuten den Schädel ein?"

„Ja, dafür braucht man List und Tücke. Außerdem suche ich Ehre. Ich hätte dich auch gestern Nacht befreien können. Aber nachts Männer überfallen und außer Gefecht setzen, das kann jedes Kind. Die da", er zeigte mit seinem schmutzigen Finger auf die drei Gefangenen, „waren jedenfalls nicht gerade meine Klasse."

„Nicht deine Klasse, klar." Andromache nickte und dachte bei sich, dass der Bursche anscheinend nicht alle Becher im Schrank hatte.

„Hast du auch was zu trinken?", fragte sie nach einer Weile.

„Hier gibt's nur Wein. Den trinke ich nicht. Er macht einen zum Idioten. Wasser hab ich nicht. Hab heute Morgen erst getrunken."

„Das ist aber schon eine ganze Weile her", warf Andromache ungläubig ein.

„Der Körper will immer dies und das. Aber nur ich sage ihm, wann er etwas bekommt. Das ist Selbstbeherrschung." Leonidas sprang vom Stein auf, ergriff seinen Speer und kam auf Andromache zu.

Sie kniff die Augen zusammen. Jetzt war es so weit. Jetzt war sie dran. Was hatte sie nur Falsches gesagt? Als sie die Augen wieder einen Spaltbreit öffnete, war der

Spartaner weg. Sie blickte sich um, konnte ihn aber nirgends entdecken. Der Kerl war einfach verschwunden. Irgendwie war sie erleichtert, aber auch ein wenig enttäuscht.

Was soll's?, dachte sie und widmete ihre volle Aufmerksamkeit dem Braten, der zum Glück noch da war.

Als Andromache ihren Hunger gestillt hatte, verfiel sie ins Grübeln: Sie hätte diesen Leonidas fragen sollen, wo sie war und wie man am besten nach Athen zurückkam und … Sie zuckte zusammen. Hinter ihr hatte sich etwas bewegt.

„Du solltest nicht so hastig essen!"

Andromache fiel vor Schreck fast von ihrem Stein.

„Sonst musst du dich gleich übergeben."

Der verdreckte Spartaner stand neben ihr und hielt ihr eine Schale mit Wasser hin.

„Bei Zeus, hast du mich erschreckt! Wo warst du?"

„Hab Wasser geholt. Du wolltest doch welches, oder?"

„Ja, danke, natürlich", stammelte sie und versuchte sich zu beruhigen. Der Junge hatte ihr einen Mordsschrecken eingejagt.

Leonidas hüllte sich in seinen roten Umhang und setzte sich wieder ans Feuer. Er schaute sie an. „Du solltest mir vielleicht erzählen, woher du kommst", meinte er schließlich. „Und warum dich diese Kerle da in einer alten Silbergrube eingesperrt haben."

Warum nicht? Ich hab ja nichts zu verlieren, dachte Andromache. Erst zögernd, dann immer flüssiger erzählte sie von der Not ihres Vaters, vom Einbruch in ihr Haus und der nächtlichen Verfolgungsjagd sowie vom hinterhältigen Plan des Protaxogoras.

Als sie geendet hatte, pfiff Leonidas bewundernswert laut durch die Zähne. „Ein ziemlich widerlicher Kerl, dieser Protaxodingsda, sogar für einen Athener."

Andromache grunzte verärgert. Ja, sicher – das hatte ihr Bruder auch erzählt: Spartaner waren unglaublich arrogant.

„Wir Athener sind nicht halb so widerlich wie ihr Spartaner! Ihr wascht euch nicht und lauft halb nackt in der Gegend herum", regte sich Andromache auf.

Leonidas schaute sie verdutzt an. „Ja, ja. In Ordnung. Mach nicht so einen Wind, Mädchen. Ich könnte dir helfen. Das bringt Ehre!"

„Will ich nicht! Und nenn mich nicht Mädchen. Mein Name ist Andromache, Tochter des Detothenes, aus Athen", schimpfte sie los. Doch dann fiel ihr ein, dass sie nicht wusste, wie sie in die Stadt zurückfinden sollte. Etwas Unterstützung konnte sie wirklich dringend gebrauchen. Sie seufzte hörbar und nach einer kurzen Pause lenkte sie ein: „Na gut, wenn du meinst. Wie willst du mir denn helfen?"

„Mit List und Tücke. Aber zuerst benötigen wir von deinen Entführern noch ein paar Informationen."

„Was für Informationen? Und wie willst du die dazu bringen, zu reden?" Andromache sah den Spartaner zweifelnd an.

„Wart's ab!" Mit diesen Worten band Leonidas die Ziege los, die ungerührt an einem Grasbüschel kaute.

# 8. Kapitel: Die Folterziege

Während Andromache die meckernde Ziege hielt, sprang Leonidas zu den drei Ganoven. Über die Schulter fragte er Andromache: „Wen von denen hier sollen wir denn mal fragen?"

Andromache erhob sich, trat neben Leonidas und zeigte auf Artabanos, der sauber verschnürt auf dem Rücken zwischen den anderen beiden Männern lag und an seinen Fesseln zerrte. „Diesen kleinen Barbaren dort! Aber er spricht nicht besonders gut Griechisch. Könnte schwierig werden, ihn zu verstehen."

Leonidas befreite den sich windenden Artabanos von seinem Knebel. Sofort sprudelte es aus ihm heraus: „Wasse ihre vorhab? Ihre seid verruckte, oder wasse?"

Leonidas blieb stumm. Er blickte sich suchend um, packte dann Artabanos und zog ihn keuchend zu dem Pfahl, an dem vorher die Ziege festgebunden gewesen war. Daran fesselte er die Füße des auf dem Rücken liegenden Gefangenen und zog ihm die Sandalen aus. Dieser zappelte wie ein Fisch auf dem Trockenen.

„Und jetzt das Salz!" Der Spartaner sprühte vor Begeisterung. Aus seinem Umhang fischte er einen kleinen Lederbeutel.

Andromache wurde mulmig zumute. Wollte Leonidas ihrem Entführer etwas antun? „Du, Leonidas! Vielleicht können wir auch erst mal versuchen, so mit ihm zu reden. Gewalt ist keine Lösung."

„Ach was! Du wirst sehen: Es wird dir Spaß machen!"

Andromache war sich jetzt sicher, dass der Spartaner verrückt war. Er strich mit beiden Händen über die

Hammelkeule und schmierte anschließend das Fett auf Artabanos' Fußsohlen. Danach schüttete er das Salz über die fettigen Füße aus.

„Die Ziege!", kommandierte er.

Langsam begriff Andromache. Sie führte das meckernde Tier mit dem Kopf an Artabanos' eingesalzene nackte Füße. Augenblicklich begann es, mit großem Genuss daran zu lecken. Das Ergebnis war überwältigend: Artabanos kicherte erst, dann begann er wie verrückt zu kreischen. Sein Körper schüttelte sich vor Lachen. Tränen rannen ihm aus den Augenwinkeln. „Aufgehören! Ich nixe mehr können!"

Leonidas gab Andromache ein Zeichen und sie zog den Kopf des Tieres zurück. Artabanos japste noch ein biss-

chen, dann kam er wieder zu Atem. Leonidas stellte sich lächelnd über ihn. „Erzähl uns, was dieser Protaxodings-da euch erzählt hat. Was habt ihr vor?"

„Nixe ich erzählen, Dummekopfe! Nixe!" Artabanos war anscheinend fest entschlossen nichts zu verraten.

„Die Ziege!", befahl Leonidas mit ausdrucksloser Stimme. Andromache brachte das Tier wieder in Position. Das Spiel begann von vorn: Kichern, Kreischen, Tränen.

„Stoppe, stoppe! Ich alles euche erzähle! Aber stoppe!"

Leonidas drehte sich zu Andromache um und nickte ihr zu. Das Lachen ging erneut in atemloses Keuchen über.

„Und?", fragte Leonidas den rot angelaufenen Barbaren.

„Protaxo uns gesagt, Gold für tolle Statue von Phidias kommen in einfach Karre. Doppelte Boden. Normalerweise kleine Händler nixe zu uberfalle lohnt. Gold aber in doppelte Boden von Karren. Wir wissen. Von Helfer von Phidias. Wir raube, Protaxo verkaufe Gold. Beide reiche. Viele Talente." Artabanos schien beglückt.

„Wo soll denn der Überfall auf den Händler stattfinden?"

„Ich nixe wissen. Ephoros habe nixe zu mich gesagt."

„Ziege!"

„Nein, bitte nichte. Aufe eine Male fallt mir wieder ein!"

Um nicht laut loszulachen, kraulte Andromache der Ziege den Nacken.

Artabanos fuhr fort: „Auf Straßen von Eleusis iste Fluss. Musste uber… uber…"

„Überqueren", ergänzte Leonidas seufzend den Satz.

„Ja … uberquere. Da Ephoros und Kumpel warten auf Karre und nehme alles Gold."

Leonidas trat zu Andromache und blickte sie düster an: „An der Brücke bin ich vorbeigekommen. Eignet sich prima für einen Überfall. Eine dumme Idee von diesem Phidias, Gold auf diese Weise zu transportieren."

Andromache wusste, dass große Goldtransporte aus Megara in der Vergangenheit immer wieder das Ziel von Überfällen geworden waren. Dabei hatte es oft Tote und Verletzte gegeben. Phidias hatte sicher gedacht, er könnte die kostbare Fracht in dem einfachen Karren ohne großes Aufheben nach Athen bringen lassen. Wurde der Händler trotzdem überfallen, gab es immer noch den doppelten Boden. Die Ganoven würden dann schlimmstenfalls die wertlosen Waren rauben und den Händler in Ruhe lassen. Das war nicht nur ungefährlicher, sondern auch günstiger, als einen Haufen Söldner als Aufpasser zu bezahlen. Denn zu Phidias' Aufgaben als Leiter der Arbeiten am Parthenon gehörte es, dafür zu sorgen, dass die Statue nicht zu teuer wurde. Oft genug hatte er wegen zu hoher Kosten schon vor der Volksversammlung Rechenschaft ablegen müssen.

Da kam dem Mädchen plötzlich ein höchst beunruhigender Gedanke: Wenn das Gold nicht in Athen ankam, würden die Bürger bestimmt Phidias persönlich für den Verlust verantwortlich machen. Phidias würde das Gold ersetzen müssen und seine Arbeit am Parthenon-Tempel verlieren. Nervös fuhr sich Andromache mit der Hand durch die langen, dunklen Locken. „Leonidas, los komm! Wir müssen hier weg. Vielleicht können wir den Überfall noch verhindern."

„Wann soll der Überfall stattfinden?", wandte sich Leonidas gelassen an Artabanos.

„Gold mussen sein in Athen heute Abende! Iste also heute Nachmittage vielleichte an der Brucken", gab der Gefangene bereitwillig Auskunft.

Leonidas sprang zum Feuer, schwang sich den Schild auf den Rücken und schulterte seine Lanze. Dann wandte er sich an Andromache: „Ich laufe vor, vielleicht schaffe ich es noch."

„Nein!" Andromache hielt ihn zurück. „Ich weiß doch gar nicht, wie ich zu dieser Brücke komme. Ich kenne mich kaum in Athen aus, geschweige hier auf dem Land."

„Aber wieso nicht? Du musst doch wissen, wo du wohnst. Halten die Athener ihre Frauen gefangen?" Leonidas schaute sie verständnislos an.

„Ja, so in etwa", murmelte Andromache. „Wir verlassen das Haus nur selten."

„Deshalb bist du so blass. Hab mir gleich gedacht, dass bei dir was nicht stimmt. Unsere Frauen und Mädchen sind immer draußen. Sie trainieren sogar mit Waffen."

„Wie schön für sie", brummte Andromache beleidigt.

Der Spartaner grinste von einem Ohrläppchen zum anderen. „Na, dann streng dich mal an!", rief er und lief leichtfüßig einen schmalen Trampelpfad hinunter.

Andromache raffte ihren Chiton und folgte ihm. Sofort spürte sie die Hammelkeule schwer in ihrem Magen hin- und herschaukeln. „Bei Hermes, das wird anstrengend", murmelte sie, während hinter ihr ein lautes Lachen ertönte. Sie hatten vergessen die Folterziege anzubinden.

# 9. Kapitel: Peinliche Fragen

Nach dem Trubel der Panathenäen war in Athen wieder der Alltag eingekehrt. Auf der Agora waren unzählige Marktstände aufgebaut. Hektische Betriebsamkeit herrschte auf dem großen öffentlichen Platz im Herzen der Stadt: Unter den Bäumen sah man Trauben von Männern, die laut diskutierten. Frauen trafen sich vor dem Brunnenhaus zum Wasserholen. Und elegant gekleidete junge Herren stolzierten voller Eitelkeit über den Platz, um Aufmerksamkeit zu heischen. Schönheit galt viel in Athen – vor allem bei den Männern.

Noch während der kühleren Morgenstunden wurde über der Pnyx eine weiße Fahne entrollt. Das bedeutete, dass zur Volksversammlung gerufen wurde. Daraufhin spannten städtische Sklaven ein langes eingefärbtes Seil über den Platz, mit dem sie die Bürger wie eine träge Herde Kühe zum Versammlungsort trieben: An der Ekklesia teilzunehmen war Ehre und Pflicht aller Männer, die das Bürgerrecht besaßen. Doch bei manchen war das Pflichtbewusstsein etwas weniger ausgeprägt als bei anderen und so hatte man beschlossen ihrem Ehrgefühl etwas nachzuhelfen.

Die Versammlungen dauerten den ganzen Vormittag, manchmal sogar bis zum Sonnenuntergang. Rechenschaftsberichte wurden verlesen, Debatten und Abstimmungen wechselten sich ab. Das war meistens langweilig und ermüdend. So kam es immer wieder vor, dass Bürger trotz des harten, steinigen Bodens auf dem Hügel einschliefen und zur Stimmabgabe geweckt werden mussten.

Auch Protaxogoras konnte sich einen besseren Zeitvertreib vorstellen. Heute aber war alles anders: Zusammen mit etwa sechstausend Teilnehmern schritt der Händler von seinem Haus am Dionysostheater auf den Hügel und nahm nicht weit von der Rednertribüne Platz. Nervös lutschte er an seinem kleinen Finger. Er trat nicht gerne öffentlich auf und es hatte ihn viel Überwindung gekostet, beim Rat der Fünfhundert seinen Antrag einzureichen. Erst gestern hatte er die Erlaubnis erhalten, auf der Versammlung zu sprechen. Seitdem hatte sich seine Nervosität von Stunde zu Stunde gesteigert. Gleichzeitig verspürte er eine innere Genugtuung: Heute würde er Detothenes und Phidias ans Messer liefern, vor allem den eingebildeten Bildhauer!

Protaxogoras drehte sich um und blickte in viele bekannte Gesichter; darunter – nur wenige Meter entfernt – die seiner beiden Opfer. Der Töpfer sah traurig zu Boden, während sein Freund tröstend den Arm um ihn gelegt hatte.

Wenn ich mit euch fertig bin, könnt ihr euch gegenseitig stützen, dachte Protaxogoras grimmig und wandte sich wieder dem Geschehen vor der Rednertribüne zu. Dort nahmen gerade der Versammlungsleiter, die vorsitzenden Ratsmitglieder und die Protokollführer Platz. Da entdeckte Protaxogoras in der Menge den berühmten Perikles. Dieser war einer der einflussreichsten Männer Athens und beherrschte durch seine Beredsamkeit seit vielen Jahren die Politik der Stadt. Sein scharfer Verstand und sein unumstößlicher Sinn für Gerechtigkeit waren in aller Munde. Gleichzeitig war er zurückhaltend und bescheiden, was die Athener angesichts seiner Erfolge in

Krieg und Frieden verblüffte. Als Kenner der Künste und Bewunderer der Arbeit des Phidias gehörte er zu den Gönnern des Bildhauers. Aber das würde sich heute ändern! Dafür würde Protaxogoras schon sorgen.

Auf dem Altar wurden soeben Schweine geopfert und anschließend mit ihrem Blut ein Kreis um die anwesenden Bürger gezogen. Damit war die Versammlung eröffnet.

Der Keryx sprach ein Gebet und verhängte einen Fluch über alle Redner, die das Publikum in die Irre führen wollten. Dann verlas er die einzelnen Tagesordnungspunkte: Da Protaxogoras seinen Antrag sehr spät eingereicht hatte, wurde sein Anliegen als Letztes genannt.

Vor ihm sprachen neun weitere Redner. Was sie sagten, bekam der Händler allerdings gar nicht mit. Ab und zu hob er wie automatisch den Arm, wenn ein Beschluss gefordert war. Dabei war es ihm völlig egal, was er gerade befürwortet oder abgelehnt hatte.

Als die Sonne hoch über der Pnyx stand und viele Zuhörer bereits unüberhörbar schnarchten, war die Reihe endlich an ihm. Der Keryx setzte Protaxogoras den grünen Myrtenkranz des Redners auf. Kreidebleich, mit kalten Schweißperlen auf der Stirn stieg er die felsigen Treppen auf das etwa zwei Meter hohe Podest hinauf. Dort zog er seinen Umhang zurecht und verbarg Arme und Hände darunter, wie es die Redner allgemein machten, um ihrem Selbstbewusstsein Ausdruck zu verleihen. Seine Zunge fühlte sich an wie eine alte Eselreitdecke. Zaghaft begann er: „Ehrwürdige Bürger Athens! Was mich heute zu Euch sprechen lässt, ist die Sorge – die Sorge um das Wohl unserer Stadt, die Sorge um das Wohl unserer Göttin Athene … die bestohlen wurde!"

Schlagartig verstummten die Stimmen der Zuhörer. Jedermann wollte wissen, was Protaxogoras zu sagen hatte. Er fasste Mut, räusperte sich und fuhr mit lauter Stimme fort: „Ich, Protaxogoras, fühle mich daher verpflichtet zwei Bürger unserer Stadt anzuklagen. Sie haben Gold entwendet, das unserer Göttin Athene gehört. Für ihre niederen Zwecke haben sie es missbraucht. Um sich zu bereichern – zu unser aller Unglück!"

In der Versammlung erhob sich Gemurmel und die Männer blickten um sich, als stünden die Übeltäter direkt neben ihnen.

„Ich spreche von zwei Freunden, die Euch wohlbekannt sind. Diese beiden Halunken klage ich an, das Gold, das für die Verzierung unserer großen Göttin Athene gedacht ist, an sich genommen zu haben."

Irgendjemand rief erbost: „Wer sind die zwei? Sagt es uns!"

Um die Spannung zu steigern, machte Protaxogoras eine Pause. Die Gesichter in der Menge schauten ihn voller Neugier an.

„Ich will Euch verraten, wen ich meine; wer unter uns Bürgern so viel Niedertracht und Anmaßung besitzt", dröhnte Protaxogoras. „Ich spreche … vom viel gerühmten Phidias und seinem Freund Detothenes!"

Laute Zwischenrufe und allgemeines Getuschel drangen zur Rednertribüne herauf.

„Dank ihres hinterlistigen Plans kann dieser arme Schlucker Detothenes mithilfe des Betrügers Phidias plötzlich seinen unausweichlichen Ruin abwenden, seine Rechnungen bezahlen und …"

Phidias war aufgesprungen. „Du hinterhältiger Wurm! Du Lügner! Niemals habe ich Gold unterschlagen, das ist ja lächerlich! Woher nimmst du solche Anschuldigungen? Komm da runter und ich werde dir zeigen, was es bedeutet, uns zu beleidigen!"

Unter den Zuhörern erhoben sich allgemeiner Applaus auf der einen, erboste Schmährufe auf der anderen Seite. Anscheinend war die Versammlung in zwei Lager gespalten.

Protaxogoras aber blieb gelassen. Jetzt holte er seinen Trumpf aus dem Ärmel. „Zwei Fragen an den verehrten Bildhauer …"

„Zwei Faustschläge kannst du haben, du … du …"

Der Versammlungsleiter mahnte zur Ruhe: „Lasst Protaxogoras seine Fragen stellen!"

„Danke, verehrter Vorsitzender. Meine erste Frage: Wie wurde das Gold nach Athen gebracht? Die zweite: Wo ist es jetzt?"

59

Alle Augen richteten sich auf Phidias. Detothenes, der neben seinem Freund stand, blickte ihn fragend an.

Mit leiser Stimme beantwortete Phidias die Fragen: „Ich habe Anweisung gegeben, einen Teil des Goldes, das ich in der nächsten Zeit für die Statue verwenden werde, in einem kleinen Händlerwagen zu transportieren, versteckt unter einem doppelten Boden und unter Olivenamphoren. So kann ich sicher sein, dass man es selbst bei einem Überfall nicht entdecken wird, und spare den Athenern das Geld für den Begleitschutz!"

„Und?", kreischte Protaxogoras von der Rednertribüne. „Wo ist das Gold jetzt?"

„Es wird heute Abend eintreffen."

„Nein, wird es nicht! Denn Ihr habt es in Eure eigene Tasche gesteckt. Damit Ihr Eurem Freund da und Euch selbst ein schönes Leben machen könnt!"

Protaxogoras hatte eine Hand unter dem Umhang hervorgeholt und zeigte drohend auf Phidias und Detothenes. „Es gibt keine Goldlieferung. Das echte Gold für die Statue habt Ihr längst verkauft! Gold, das der Göttin unserer Stadt gehört! Stattdessen wolltet Ihr minderwertige Goldfarbe benutzen und damit die Bürger Athens hinters Licht führen."

Der Versammlungsleiter unterbrach ihn: „Protaxogoras, das sind unerhörte Anschuldigungen und …"

„Ich fordere eine Abstimmung", fiel ihm der schwitzende Händler ins Wort. „Sollte das Gold nicht morgen früh der Versammlung vorliegen, dann muss ein Verfahren vor dem Gerichtshof beschlossen werden!"

Durch die Menge ging ein Raunen. Protaxogoras war zufrieden. An dem vielköpfigen Nicken der Zuhörer konnte er erkennen, dass er die Abstimmung gewinnen würde. Nur der misstrauische Blick des großen Perikles verunsicherte ihn etwas.

Tatsächlich gab man seiner Forderung nach: Das Blattgold musste am nächsten Tag der Versammlung gezeigt werden. Die beiden Beschuldigten verließen von Gaffern umringt den Versammlungsort. Während sich Phidias zuversichtlich zeigte, blickte Detothenes nachdenklich zu Boden.

# 10. Kapitel: Zu spät gekommen

Leonidas hatte geahnt, dass sie es nicht schaffen würden. Mit Andromache im Schlepptau war er einfach zu langsam. Immer wieder hatten sie gerastet, damit die Athenerin kurz verschnaufen konnte. Schließlich erreichten sie die Brücke, von der Artabanos gesprochen hatte. Aber den Überfall konnten sie nicht mehr verhindern. Ein einachsiger Karren lag umgestürzt vor der Brücke. Daneben graste friedlich ein Muli, wahrscheinlich das Zugtier. Leicht außer Atem trat Leonidas näher heran. Der Wagen war von unten aufgebrochen worden. Ganz deutlich war das Geheimversteck zu erkennen. Es war leer.

„So ein Mist!" Andromache erreichte laut keuchend den Ort des Geschehens. „Und was machen wir jetzt?"

Leonidas sah sich um. „Wir müssen den Kutscher finden. Vielleicht kann der uns weiterhelfen."

Sie begannen die nähere Umgebung abzusuchen. Leonidas stieg die Böschung zum Fluss hinunter, der zu dieser Jahreszeit kaum Wasser führte. Dort fand er den Mann. Er lag mit dem Gesicht nach unten im dreckigen Flussbett.

„Ich hab ihn!", rief der Spartaner. Dann kniete er sich neben die leblose Gestalt. Der Hinterkopf des Kutschers war blutverschmiert. Die Räuber hatten ihm einfach den Schädel eingeschlagen.

„Bei Zeus!", stieß Andromache hervor, als sie den Kutscher erblickte. „Ist er etwa ... tot?"

„Tot", bestätigte Leonidas.

Andromache fand, dass es mitleidlos klang. „Wir sollten ihn beerdigen", sagte sie. Mit einem Mal fühlte sie sich unendlich müde. Dass sie es mit Mord zu tun bekommen würden, hatte sie nicht erwartet.

„Keine Zeit, Mädchen!", knurrte Leonidas. „Wir sind diesen Kerlen dicht auf den Fersen. Sein Körper ist noch warm und die Wunde …"

Andromache sah, wie Leonidas die Finger auf die Kopfwunde legte und anschließend das Blut zwischen Daumen und Zeigefinger zerrieb. Sie merkte, dass ihr schlecht wurde. „Sei bitte still, Junge aus Sparta! Wir werden den Mann da zumindest mit Steinen bedecken."

„Aber die Mörder …", setzte Leonidas erneut an.

Andromache unterbrach ihn rüde: „Die sind jetzt nicht so wichtig. Dieser Mann hier verdient ein Begräbnis." Damit sprang sie die Böschung hinunter. Sie riss den Saum ihres Chitons auf und fischte eine kleine Silbermünze hervor, die sie für Notfälle eingenäht hatte. Mit einiger Überwindung drückte sie dem toten Kutscher den Mund auf und legte ihm das Geldstück unter die Zunge. „Für den Fährmann. Damit er diesen armen Kerl über den Styx in die Unterwelt fährt", erklärte sie würdevoll.

Anschließend begann sie Steine auf den Leichnam zu schichten. „Je eher du mir hilfst, desto schneller können wir die Verfolgung wieder aufnehmen."

„Also, ehrlich gesagt lasse ich mir von einem Mädchen nicht vorschreiben, was ich zu tun habe. Schon gar nicht, wenn es aus Athen kommt."

Andromache beschloss, diese Bemerkung zu überhören und einfach weiterzumachen. Leonidas stand eine Weile reglos daneben, dann fluchte er leise und begann ihr zu helfen.

Schnell waren sie fertig und kletterten wieder die Böschung hinauf. Leonidas hatte auf dem Boden die frischen Spuren eines zweiten Karrens entdeckt, der den Mördern gehören musste. Sie führten in Richtung Athen. Im Laufschritt nahmen Andromache und Leonidas die Verfolgung von Ephoros' Bande auf.

Nach einer guten Stunde erreichten sie einen kleinen Ölbaumhain in der Nähe der Stadt. Auf dem letzten Stück des Weges waren ihnen immer öfter Menschen entgegengekommen, die dem seltsamen Paar neugierig hinterherschauten. Aber das nahm Andromache gar nicht mehr war. Sie war vollkommen erschöpft und hatte das Gefühl, nur noch aus schmerzenden Muskeln zu bestehen.

In einer Straßenbiegung blieb Leonidas so abrupt stehen, dass Andromache ihn fast umgerempelt hätte. „Was ist … los?", fragte sie atemlos.

„Da sind sie", antwortete Leonidas leise und deutete mit dem Kopf auf einen Karren, der von drei finster aussehenden Gestalten begleitet wurde.

„Und … was … jetzt?" Andromache hatte das Gefühl, dass sie sich jeden Moment übergeben musste.

Leonidas zog sie sanft in das Wäldchen am Straßenrand. Andromache ließ sich erschöpft auf den Boden fallen. Der Spartaner ging hinter einem Baum in die Hocke und beobachtete Ephoros und seine Männer, die vor dem Stadttor stehen geblieben waren. Sie schienen auf jemanden zu warten.

„Was machen die da?"

„Abwarten, Mädchen!"

Schließlich bekam Andromache wieder Luft und richtete sich auf.

„Bleib unten, Mädchen!", zischte Leonidas.

Andromache fauchte zurück: „Nenn mich nicht immer Mädchen. Ich weiß selbst, dass ich eines bin, und wenn du schon …"

„Ja, ja! Schon gut. Reg dich wieder ab", knurrte er und fügte ein leises „Andromache!" hinzu.

„Siehste, geht doch", flüsterte sie zufrieden.

Als beide wieder zum Tor blickten, erschien gerade Protaxogoras auf der Bildfläche. Er schaute sich kurz um und begann eine lebhafte Unterhaltung mit Ephoros. Leonidas und Andromache waren zu weit entfernt, um etwas verstehen zu können, aber Protaxogoras deutete mehrfach mit dem Arm in Richtung Piräus. Anscheinend sollten Ephoros und seine Kumpanen mit ihrem Karren an der großen Mauer entlang bis zum Hafen gehen. Im nächsten Moment setzten sich die Männer auch schon in Bewegung. Protaxogoras selbst kehrte in die Stadt zurück.

„Und was machen wir jetzt? Ich kenne mich in deiner Stadt nicht aus und bin wohl auch ein wenig auffällig." Leonidas blickte grinsend an sich hinunter und zuckte mit den Schultern.

Andromache überlegte kurz. Zwei Dinge waren jetzt wichtig: Erstens musste Phidias unterrichtet werden, dass sein Gold geraubt worden war. Zweitens mussten sie in Erfahrung bringen, wohin Protaxogoras die Beute schaffen ließ.

Entschlossen traf Andromache ihre Entscheidungen: „Du verfolgst die Bande weiter. Du musst rauskriegen, wo sie das Gold verstecken. Ich suche Phidias. Wenn alles klappt, haben wir diese Mörder und Diebe noch heute Abend zur Strecke gebracht. Bei Sonnenuntergang werde ich an dieser Stelle eine Nachricht für dich hinterlassen."

Leonidas schaute sie ernst an. Etwas traurig fragte er: „Wirst du selbst hierherkommen oder sperren dich deine Eltern wieder ein?"

Andromache seufzte. Was sollte sie antworten? Leonidas hatte wahrscheinlich recht. Phidias würde sie nach Hause bringen. Die Freude über ihre Rückkehr würde groß sein. Aber dann würden sich die Türen zur Welt wieder hinter ihr schließen. „Einsperren ist das falsche Wort. So schlimm ist es nun auch nicht. Aber ich denke, unsere Wege trennen sich hier." Ihre Stimme zitterte leicht, als sie hinzufügte: „Vielen Dank, Junge aus Sparta. Ich hoffe, du erringst heute und in Zukunft noch viel Ehre. Wäre ich ein Mann, würde ich dir das Gastrecht in meinem Haus anbieten. Und jetzt – hau ab!"

Leonidas nickte kurz, nahm den Schild von seinem Rücken und lehnte ihn an einen Baum. Die Lanze legte er daneben. Beides tarnte er mit Farnbüscheln.

„Falle mit Waffen zu sehr auf", sagte er leise und verschwand so geräuschlos, wie es seine Art war.

In seinen Augen hatte Andromache Unternehmungslust schimmern sehen. Traurig sah sie Leonidas nach, bis er verschwunden war. Irgendwie mochte sie diesen seltsamen Burschen.

# 11. Kapitel: Zurück in Athen

Andromache eilte über die breite Prozessionsstraße der Agora zu. Obwohl die Sonne schon tief stand, herrschte in den Geschäften und Werkstätten beiderseits der Straße noch lautes Treiben. Andromache war glücklich wieder in Athen zu sein. Sie sehnte sich nach ihrer Familie. Doch zuallererst musste sie Phidias warnen. Sie nahm an, dass er wie meistens in seiner Werkstatt auf der Akropolis an der Statue der Athene arbeitete.

Erschöpft erreichte sie die Agora, auf der es vor Menschen wimmelte. Sie beschleunigte den Schritt und schaute zu Boden. Hoffentlich lief ihr niemand über den Weg, der sie erkannte – zum Beispiel Ariston oder gar ihr Vater! Die würden sie schnurstracks nach Hause bringen. Ob man dort ihrer Geschichte Glauben schenken würde, war ungewiss. Denn Andromache stand im Ruf, mit reichlich Fantasie begabt zu sein. Deshalb musste sie dringend erst mit Phidias reden.


Protaxogoras war äußerst zufrieden, dass der Überfall geglückt war. Daher beschloss er, sich ein Zicklein fürs Abendessen zu besorgen, bevor er sich ebenfalls auf den Weg nach Piräus machte. Während er durch die Reihen der Verkaufsstände schlenderte, drehte er sich immer wieder um. Mehr als deutlich hatte ihm dieser Phidias Schläge angedroht. Zu seinem Schutz folgte ihm Glaukos, einer seiner stärksten Sklaven.

Als sich Protaxogoras über einen kleinen Viehverschlag beugte, um ein paar Ziegen zu begutachten, wurde er angerempelt. Missmutig drehte er sich um und erblickte eine kleine Gestalt, die mit weit aufgerissenen Augen zu ihm heraufschaute. Augenscheinlich ein verlottertes Theten-Mädchen! Gerade wollte Protaxogoras lospoltern, als er begriff, wer da vor ihm stand. Zuerst glaubte der Händler, dass es sich um einen Geist handelte – aber Geister müffelten nicht so. Bei den Göttern des Olymp, dachte er, das kann doch nicht wahr sein!

Das kann doch nicht wahr sein!, dachte auch Andromache, während sie zu dem Koloss hochschaute, der sich vor ihr aufgebaut hatte. Mit jedem anderen hätte sie zusammenstoßen dürfen, nur nicht mit Protaxogoras. Für einen kurzen Moment, der Andromache wie eine Ewigkeit vorkam, maßen sich beide mit überraschten Blicken. Als Erster erwachte der Händler aus seiner Starre. Mit einer schnellen Bewegung packte er Androma-

ches Oberarm. Sie versuchte mit aller Kraft, sich aus dem schmerzhaften Griff zu befreien. Als ihr dies nicht gelang, biss sie den Händler kurzentschlossen in die Hand. Der schrie laut auf und ließ sein Opfer augenblicklich los. Andromache raffte ihren Chiton und rannte um ihr Leben.

„Glaukos!", brüllte der Händler seinem Sklaven zu, der das Handgemenge aus einigen Metern Entfernung beobachtet hatte. „Los, hol sie dir! Das kleine Biest da! Schnell!"

Doch da war Andromache bereits in der Menge verschwunden. Eilig drängelte sie sich durch das Gewühl der Marktbesucher. Nicht weit hinter sich hörte sie laute Flüche und Verwünschungen. Als sie sich kurz umsah, erkannte sie Protaxogoras' Sklaven, der sich rücksichtslos seinen Weg durch die Menge bahnte. Bis auf vier oder fünf Schritte war er schon an sie herangekommen. Geschickt schlängelte Andromache sich bis zum Rand der Agora, wo die Buden dicht an dicht standen. Zwischen zweien tat sich eine Lücke auf, durch die Andromache hindurchschlüpfte. Wo war Glaukos? War er noch hinter ihr? Andromache rannte, was ihre Beine hergaben. An der ersten Kreuzung lief sie nach rechts, dann nach links. Sie achtete kaum noch auf den Weg und bog immer wieder automatisch ab, sodass ihr Fluchtweg ein Zickzackmuster ergab.

Plötzlich baute sich vor ihr eine Mauer auf. Andromache blieb stehen und blickte sich um: Sie war in eine Sackgasse geraten! Ihren Verfolger schien sie zum Glück abgehängt zu haben. Nun machte sich auch ihr übermüdeter Körper bemerkbar. Ihre Beinmuskeln zitterten unkontrolliert und ihre Lungen schmerzten. Kraftlos lehnte sie sich an eine Hauswand und versuchte zu Atem zu kommen.

„Nicht schlecht für ein Mädchen!", rief plötzlich eine tiefe Stimme.

Überrascht blickte Andromache auf und sah Glaukos langsam auf sich zukommen. Sie wollte aufspringen, aber ihre Beine gehorchten ihr nicht mehr. Sie saß in der Falle.

Schon hatte sie der breitschultrige Sklave erreicht. Er packte sie, warf sie wie einen Sack Mehl über seine Schulter und trug sie mit sich fort. Andromache war zum Heulen zumute, aber selbst dafür war sie jetzt zu müde.


Protaxogoras öffnete die Hintertür seines Hauses und ließ Glaukos ein. Wie verrückt lutschte er an seinem kleinen Finger. „Bei allen Göttern des Olymp", zischte er dem Sklaven wütend zu, „beeil dich ein bisschen! Es muss ja nicht jeder sehen, dass wir Besuch haben." Bevor er hinter sich zusperrte, warf er hektische Blicke in alle Richtungen. Dann drehte er sich um und blickte zornentbrannt auf die Tochter des Töpfers, die wie leblos über Glaukos' Schulter hing.

„Wo soll ich sie hinbringen?", fragte Glaukos gelangweilt.

„Wo soll ich sie hinbringen?", äffte Protaxogoras ihn nach. „Sie dürfte gar nicht hier sein. Verdammter Mist! Dieser schäbige, nichtsnutzige Ephoros. Er hat mir versprochen, dass er die Kleine beseitigt. Jetzt läuft die hier quietschfidel herum und erledigt Einkäufe!" Protaxogoras stampfte mehrmals mit dem Fuß auf. „Fessle und kneble sie und sperr sie oben ein. Du bist dafür verantwortlich, dass sie nicht noch einmal entkommen kann."

Mit diesen Worten verschwand er im Andron. Dort warf er sich auf eine Liege, stierte an die reich bemalte Zimmerdecke und versuchte nachzudenken.

Wie es aussah, war das Mädchen Ephoros und seinen Männern entkommen und hatte sich dann verlaufen. Was machte sie sonst allein auf der Agora? Es war also sehr wahrscheinlich, dass sie ihre Entdeckung noch niemandem hatte mitteilen können. Auf jeden Fall hatte sie alles mitbekommen. Wenn sie auspackte, war er dran. Also musste sie verschwinden.

Langsam beruhigte sich Protaxogoras. Das Gold hatte er. Mit dem nächsten Schiff würde er es wegschaffen. Und mit diesem Schiff würde auch Andromache Athen verlassen. Das war eine saubere und sichere Lösung. Bis morgen musste das Mädchen allerdings noch in seinem Haus bleiben. Und diesmal würde sie ihm nicht entwischen. Dafür würde Glaukos schon sorgen!

Frischen Mutes stand Protaxogoras auf und verließ das Haus.

# 12. Kapitel: Leonidas in Nöten

Leonidas hatte sich an die Fersen der Räuber geheftet. Da Ephoros ihn nicht kannte, konnte er jetzt wie ein unbeteiligter Athener hinter ihnen herschlendern. Viele Menschen benutzten den Weg entlang der hohen, festen Mauer, die die Strecke zwischen dem Hafen und Athen schützte. Eine weitere lag etwas weiter südlich und erfüllte den gleichen Zweck. So konnte die Stadt während einer Belagerung über den Seeweg gut mit dem Notwendigsten versorgt werden.

In Sparta belächelte man die Mauern nur. Dort gab es keine Verteidigungsanlagen, noch nicht einmal einen Palisadenzaun. Das brauchten die Spartaner auch nicht. Denn niemand würde es wagen, ihr Volk anzugreifen. Trotzdem war Leonidas von der wuchtigen Größe und der imposanten Länge der athenischen Stadtmauer tief beeindruckt. Es musste die Bürger Athens einiges an Geld und Arbeit gekostet haben, sie zu errichten.

Am frühen Abend erreichte Leonidas das Tor zum Hafen. In sicherer Entfernung folgte er Ephoros und seinen Kumpanen bis hinunter zum Hafenbecken. Wie in der Stadt herrschte auch hier noch lautes Treiben, sodass die drei Männer den Jungen nicht bemerkten. Vor einem Lagerhaus direkt am Kai des Handelshafens blieben sie stehen und ließen sich erschöpft auf den Boden fallen. Anscheinend warteten sie auf jemanden. Leonidas versteckte sich hinter einem hohen Stapel aus Kisten und Säcken, von wo aus er die Männer durch einen schmalen Spalt gut beobachten konnte.

73

Nach und nach verfärbte sich der Himmel glutrot. Da Leonidas zusehends schläfrig wurde, begann er sich mit einem kleinen Holzstückchen in den Oberarm zu stechen. Der kurze Schmerz sollte ihn wach halten – ein Trick, den ihm sein Vater verraten hatte.

Plötzlich nahten Schritte. Vorsichtig spähte Leonidas in das Dämmerlicht und erkannte sofort Protaxogoras, der mit einer Fackel in der Hand auf Ephoros zuging. Schon von Weitem rief er: „Fabelhaft! Gut gemacht, Ephoros! Auf dich ist Verlass!"

Ephoros erhob sich und ging dem Händler entgegen. „Protaxo! Alter Halunke, wo warst du so lange? Mein Hintern hat schon Schwielen vom vielen Herumsitzen!"

Die beiden Männer trafen sich nahe bei Leonidas' Versteck. Dieser machte sich so klein wie möglich. Jetzt nur nicht auffallen!

„Ich hatte ein kleines Problem zu beseitigen, das eigentlich du aus der Welt schaffen solltest!", keuchte Protaxogoras.

„Ich? Wieso? Das Gold ist dort im Wagen, der Kutscher schweigt für immer. Du bist reich! *Wir* sind reich!"

Protaxogoras unterbrach seinen Komplizen ungehalten. „Ich hatte heute auf der Agora eine kleine Begegnung. Und nun rate mal, mit wem?"

Ephoros schwieg.

An Leonidas' Fußgelenk schnüffelte währenddessen eine hungrige Ratte.

„Mit der Tochter des Töpfers!", keifte der Händler und es klang wie ein Peitschenhieb. „Mitten in Athen. Wie konnte das passieren? Ich dachte, ihr seid Profis!"

Mist! Dann ist ihnen Andromache also ins Netz gegangen, dachte Leonidas. Die Ratte schnappte hungrig nach seinen nackten Zehen.

„D…das ist mir ein Rätsel, Protaxo, alter Freund. Wirklich. Ich weiß auch nicht … also wirklich, ich …", stammelte Ephoros.

Protaxogoras wechselte in einen väterlich verständnisvollen Ton: „Nun ja, ich habe die Kleine wieder eingefangen und sie bei mir im Haus eingesperrt. Morgen geht sie gut verschnürt per Schiff nach Ägypten. Dort verkaufen wir sie zusammen mit dem Gold. Auf dem Sklavenmarkt sind Athenerinnen Mangelware. Eine kleine Entschädigung für den ganzen Ärger, den wir mit der Göre gehabt haben."

Leonidas hörte, wie Protaxogoras Ephoros auf die Schulter schlug.

„Na, dann wollen wir uns mal unseren Hauptgewinn anschauen. Folgt mir!", rief der Händler gut gelaunt den beiden Handlangern zu, die neben dem Karren warteten.

Während sich die Schritte der Männer rasch entfernten, beendete Leonidas seinen Kampf mit der Ratte durch einen gezielten Fußtritt. Sie hatte noch nicht einmal Zeit zu quieken. Sofort drehte sich der Spartaner wieder um und spähte zwischen den Kisten hindurch. Gerade noch rechtzeitig beobachtete er, wie die Männer mitsamt dem Karren in dem Lagerhaus verschwanden.

Leonidas sank zurück. Für einen Moment war er ratlos: Er wusste nicht, an wen er sich wenden sollte, und in Athen kannte er sich auch nicht aus. Die Zeit drängte! Bis morgen musste er Andromache befreit haben. Etwas anderes ließ sein Ehrgefühl nicht zu.

Ein Stimmengewirr schreckte ihn aus diesen trüben Gedanken. Ephoros und seine Männer waren aus dem Lagerhaus getreten und schlenderten in bester Stimmung Richtung Athen. Protaxogoras war nicht bei ihnen. Aber auf genau den wartete Leonidas. Er würde ihn bis zu seinem Haus verfolgen. Wie er dort hineinkam, musste er vor Ort entscheiden.

Geduldig harrte der Spartaner in seinem Versteck aus. Hin und wieder wagte sich eine Ratte in seine Nähe; sonst passierte nichts. Endlich tauchte Protaxogoras wieder auf. Sein Gesicht glänzte im Mondschein, als hätte er stark geschwitzt. Was hatte der Händler noch so lange im Lagerhaus gemacht?

Protaxogoras verschloss die Tür, nahm seine Fackel und machte sich auf den Heimweg. Leonidas, der sich mit etwas Dreck das Gesicht, Arme und Beine geschwärzt hatte, folgte dem Händler in sicherem Abstand durch die mondhelle Nacht. „Nur nicht auffallen", sagte er immer wieder leise zu sich selbst. „Du bist ein Schatten."

Leonidas bewegte sich in der Tat wie ein Schatten. Protaxogoras bemerkte seinen Verfolger nicht, als er an der Mauer entlang Richtung Stadt eilte, und auch nicht, als er raschen Schrittes durch die Straßen von Athen ging. Anscheinend hatte der Händler selbst kein Interesse daran, gesehen zu werden. Denn er zog die dunklen Nebengassen den breiten Straßen vor. Schließlich blieb er vor einem großen, zweistöckigen Haus mit strahlend weißen Wänden stehen.

Leonidas verbarg sich im Schatten eines der gegenüberliegenden Häuser und beobachtete von dort aus, wie Protaxogoras die Vorhalle betrat und dann die Tür hinter sich schloss. Auf dem kleinen Platz vor dem Haus herrschte nächtliche Stille. Nur aus einem nahe gelegenen Brunnenhaus war ein leises Plätschern zu hören.

Leonidas entspannte sich. Einen kurzen Moment spürte er lähmende Müdigkeit in sich aufsteigen. Doch dann besann er sich wieder auf sein Vorhaben und suchte aufmerksam die im Mondschein silbrig glänzende Fassade von Protaxogoras' Haus ab. Die Fenster lagen alle zu hoch, um sie von außen erreichen zu können. Und eine Möglichkeit, aufs Dach zu gelangen, sah Leonidas auch nicht. Sein Blick wanderte zu den Nachbarhäusern – auch hier kein Spalt, keine Lücke. Vielleicht sollte er versuchen, über die angrenzende Mauer eines der Seiten-

77

fenster zu erreichen? Müde setzte Leonidas sich in Bewegung. Mehrfach sprang er an dem glatten Stein empor und versuchte irgendwie, mit Händen und Füßen Halt zu finden. Keine Chance! Leonidas fluchte unhörbar, schlich zum Brunnenhaus, trank etwas Wasser und hockte sich in eine Ecke. Das Wasser des Brunnens plätscherte sanft. Verzweifelt versuchte er nachzudenken. Doch sein Kopf war leer vor Müdigkeit.

Panisch suchte Leonidas nach irgendetwas, womit er sich pieksen konnte. Aber da war nichts. Seine Augenlider wurden schwerer und schwerer.

Du darfst nicht schlafen! Keine Zeit ... nicht jetzt, dachte Leonidas noch, bevor sein Kopf nach vorn fiel.

# 13. Kapitel: Wo steckt Andromache?

Als Leonidas erwachte, war es tiefe Nacht. Irgendetwas hatte ihn aufgeschreckt. Noch halb benommen bemerkte er eine Gruppe junger Männer, die grölend die Straße hinaufzog. Ein älterer Mann mit weißem Haar folgte ihnen langsam. Begleitet wurde die Gruppe von Sklaven, die Fackeln in den Händen hielten. Augenscheinlich handelte es sich um die ausgelassenen Gäste eines Symposions, die noch weitere Unterhaltung suchten. Die kostbar gekleideten jungen Männer trugen Kränze aus Lorbeer und Weinranken auf ihren Häuptern und schwenkten lässig leere Trinkschalen. Alle waren betrunken und bester Laune.

Leonidas blieb unter dem Dach des Brunnenhauses im Schatten des Mondlichts und beobachtete, wie die Schar vorbeizog. Vor dem Haus des Händlers blieben die Männer stehen. Interessiert verfolgte Leonidas, was nun geschah.

„Hey!", brüllte einer der Männer, der anscheinend die Führung übernommen hatte. „Hier wohnt doch unser alter Freund Protaxogoras! Lasst uns sehen, ob er nicht noch Wein für uns hat."

Ein anderer, der in Zickzacklinien auf das Haus zusteuerte, pflichtete ihm bei: „Ja, Protaxogorsss! Wir wollen Protaxogorsss!"

Der Anführer begann mit seinen Fäusten an die Tür zu trommeln, während seine Begleiter „Protaxogorsss, Protaxogorsss!" brüllten.

Leonidas runzelte die Stirn. In den Nachbarhäusern wurden Lichter angezündet. Vereinzelt erklangen Flüche, eine laute Männerstimme wünschte die Betrunkenen zum Hades. Endlich wurde die Tür von Protaxogoras' Haus einen Spaltbreit geöffnet. Sofort stellte der Anführer der Männer seinen Fuß in die Tür und drückte sie langsam auf. Dabei rief er laut nach dem Hausherrn. Schließlich erschien der Händler verschlafen auf der Bildfläche. Er begrüßte die Männer mit aufgesetzter Freundlichkeit und ließ sie ein.

Da hatte Leonidas plötzlich eine Idee. Rasch wusch er sich das Gesicht, warf seinen roten Umhang ab und näherte sich mit schnellen Schritten der Gruppe. Dann stellte er sich neben den alten Mann, der als Letzter auf die Tür zuschwankte. In dem allgemeinen Durcheinander beachtete ihn niemand. Er nahm den Arm des Mannes und legte ihn über seine Schulter.

„Dassis aba nett, Junge! Wer bissu?", lallte der Alte.

„Euer Sklave, Herr! Wisst Ihr das nicht?"

Der Mann grunzte nur. Leonidas hatte einige Mühe, ihn auf den Beinen zu halten. Protaxogoras stand am Eingang und beschwor die Betrunkenen leise zu sein: „Nur eine Amphore, meine Freunde!", flüsterte er. „Dann müsst ihr wieder gehen!"

Leonidas konnte sein Glück kaum fassen. Diese Nachtschwärmer waren gerade noch rechtzeitig gekommen! Protaxogoras führte die ganze Gesellschaft mit zerknirschter Miene in das Andron. Dort warfen sich die jungen Männer der Reihe nach auf bereitstehende Liegen und verlangten lautstark nach Wein. Leonidas befreite sich von seinem „Herrn" und ließ ihn allein weitertorkeln. Dann drückte er sich ungesehen in eine dunkle Ecke unterhalb einer Treppe, die zu den oberen Gemächern führte. Er sah

ein paar Hausklaven mit Obst, Trinkschalen und Weinamphoren aus der Küche herbeieilen und im Andron verschwinden. Der Lärm, den die Betrunkenen machten, war gewaltig. Immer wieder riefen sie: „Auf Protaxogorsss!"

Leonidas versuchte indessen seiner Aufregung Herr zu werden. Er atmete tief ein und stoßweise aus. Langsam beruhigte er sich. Er blickte in den großen, quadratischen Innenhof und von dort hinauf auf die umlaufende Galerie. Dort oben waren drei Türen zu sehen. In einem dieser Räume hielten sie Andromache gefangen, das spürte er. Noch einmal atmete er tief ein und verließ dann sein Versteck. Nachdem er sich vergewissert hatte, dass niemand ihn beachtete, stieg er mit schnellen Schritten die Treppe hinauf.

Auf der Galerie öffnete Leonidas eine Tür nach der anderen. Er blickte in leere, spärlich eingerichtete Räume. Offensichtlich hatte Protaxogoras keine Familie. Fast spartanisch hier, schoss es dem Jungen durch den Kopf – dabei musste er ein wenig grinsen.

Als er vorsichtig die Tür zum letzten Zimmer öffnen wollte, wurde sie von innen aufgerissen. Ein Hüne von einem Mann trat ihm in den Weg. „Was willst du hier?", fauchte er Leonidas an.

„Mein Herr schickt mich! Er … er … braucht dringend eine Schüssel. Ihm ist plötzlich übel geworden!" Während sich Leonidas diese Ausrede zurechtstotterte, versuchte er an dem Riesen vorbei in den Raum zu spähen. Tatsächlich gelang es ihm, einen kurzen Blick ins Innere zu erhaschen. Im Zwielicht erkannte er undeutlich eine Gestalt, die seltsam steif auf einem Stuhl in der Mitte des Zimmers saß. Ihr Kopf war auf die Brust gesunken. War das Andromache?

„Hier gibt's so was nicht!", polterte der Hüne und versperrte Leonidas die Sicht. „Such unten nach deiner Schüssel!" Dann schlug er ihm die Tür vor der Nase zu.

Leonidas war sich sicher, dass er Andromache gefunden hatte. Aber was sollte er gegen den Wächter unternehmen? Der war nun wirklich zu groß und zu schwer für ihn. Unschlüssig blieb der Junge vor der Tür stehen. Irgendwie musste er den Hünen außer Gefecht setzen. Aber wie? Seine Waffen lagen gut versteckt in dem Olivenhain vor der Stadt. Leonidas blickte sich nach einem geeigneten Ersatz um. Dabei fiel sein Blick auf eine große hölzerne Truhe. Hoffnungsvoll öffnete der Spartaner sie. Doch bis auf ein paar Stoffballen war sie vollkommen leer. Da hatte Leonidas eine Idee: Kurz entschlossen sprang er in die Truhe und schloss den Deckel von innen. Einen schmalen Spalt ließ er für die Luftzufuhr. Er würde warten, bis der Koloss das Zimmer verließ, Andromache befreien und mit ihr fliehen. Mit klopfendem Herzen versuchte Leonidas, es sich in der Truhe halbwegs bequem zu machen. Angespannt lauschte er auf die Geräusche im Haus. Hauptsache, niemandem fiel ausgerechnet jetzt ein, dass er dringend ein Stück Stoff brauchte.

Bald legte sich seine Aufregung. Doch nun galt es, mit einem anderen Gegner fertig zu werden: Hypnos, der Gott des Schlafes, versuchte ihn langsam ins Reich der Träume hinüberzuziehen. Standhaft setzte sich Leonidas zur Wehr. Aber die Strapazen des Tages waren selbst für einen Spartanerjungen zu groß gewesen. Und so verlor er den Kampf gegen die Müdigkeit zum zweiten Mal in dieser Nacht.

Ein lautes Knacken schreckte Leonidas auf. Völlige Dunkelheit umgab ihn und das Atmen fiel ihm schwer. Er wollte aufspringen, aber von allen Seiten umgaben ihn hölzerne Wände. Wo war er? Nach wenigen Sekunden, die Leonidas wie eine Ewigkeit vorkamen, setzte seine Erinnerung wieder ein: Andromache … Protaxogoras … die hölzerne Truhe. Doch wieso war der Luftspalt geschlossen? Vorsichtig drückte Leonidas mit der Hand gegen den Truhendeckel. Erst leicht, dann mit aller Kraft. Doch er bewegte sich kein Stück! Leonidas versuchte es mit beiden Händen. Nichts, wie zugenagelt! Panik ergriff ihn. Er brauchte Luft! Draußen hörte er nahende Schritte und dann die Stimme des hünenhaften Wächters: „Sind Eure Freunde fort, Herr?"

Vor Leonidas' Augen tanzten kleine Flecken in der Dunkelheit. Die Luft in der Truhe wurde immer knapper.

„Ja, ja, sind weg. Ist hier alles so weit in Ordnung, Glaukos?" Das war Protaxogoras. Er klang verstimmt. „Warum bist du nicht bei der Göre?"

„Mir war langweilig. Da hab ich mich hierhergesetzt."

„Bist du denn von allen guten Geistern verlassen? Geh sofort zurück ins Zimmer!"

Leonidas konnte deutlich spüren, dass Glaukos seinen Sitzplatz auf der Truhe verlassen hatte. Dann hörte er, wie eine Tür zuschlug. Atemlos horchte Leonidas in die Dunkelheit, bis er sicher sein konnte, dass die Luft rein war. Dann hob er vorsichtig den Truhendeckel an. Ein frischer Luftschwall strömte ihm entgegen. Erste Sonnenstrahlen erhellten den Innenhof und die Galerie. Leonidas holte tief Luft, bis die tanzenden Lichter vor seinen Augen verschwunden waren. Jetzt hieß es warten.

# 14. Kapitel: Andromache wundert sich

Durch ein schmales Fenster fielen warme Sonnenstrahlen auf Andromaches Gesicht. Sie erwachte aus einem tiefen, traumlosen Schlaf. Geblendet vom hellen Morgenlicht kniff sie die Augen zusammen. Gestern Abend hätte sie nicht zu hoffen gewagt, überhaupt ein Auge zumachen zu können, so verzweifelt war sie gewesen. Gefesselt an einen harten Stuhl, geknebelt mit einem Stück Stoff, war sie dennoch vor Erschöpfung eingeschlafen. Ihre Muskeln schmerzten. Ihr Mund war trocken wie ein Eimer Kalk und ihr Hals knackte bedenklich, als sie ihren Kopf aufrichtete und sich umschaute.

Ihr Wächter Glaukos lag laut schnarchend auf einer Matte vor der Tür. Ansonsten war der Raum bis auf einen Tisch und eine Liege leer. Schnell wurde ihr klar, dass sie diesmal wirklich in der Klemme saß. Niemand wusste, wo sie war, auch Leonidas nicht. Hatte Protaxogoras also das Spiel am Ende doch noch gewonnen? Nein, das durfte einfach nicht sein! Andromaches Mutlosigkeit schlug in wilde Entschlossenheit um. Solange noch Hoffnung bestand, würde sie nicht aufgeben. Wütend begann sie an ihren Fesseln zu zerren.

Da trommelte jemand gegen die Tür. „Glaukos, verdammter Nichtsnutz! Mach die Tür auf! Los, wach auf, du dummer Zyklop!"

Protaxogoras! Augenblicklich hielt Andromache inne.

Glaukos grunzte, schlug die Augen auf und verzog das Gesicht. „Ja, ja! Ich mach ja schon!", knurrte er leise. Er rappelte sich auf, kickte seine Schlafmatte zur Seite und öffnete die Tür.

Protaxogoras betrat mit kleinen, tänzelnden Schritten den Raum. Gut gelaunt baute er sich vor Andromache auf und flötete: „Guten Morgen, meine Kleine!" Dann ging er in die Hocke und schaute ihr direkt ins Gesicht. In seinen Augen lag niederträchtige Hinterlist. „Ich muss dir einfach mitteilen, was jetzt gleich in der Volksversammlung passieren wird. Ich denke, du hast ein Recht, es zu erfahren, bevor du nach Ägypten auswanderst." Er kicherte.

Andromache hätte ihn gerne angespuckt, aber das verhinderte der Knebel in ihrem Mund.

„Also, ich werde gleich zur Volksversammlung gehen und Phidias fragen, ob das Gold für die Statue endlich eingetroffen ist. Aber er wird nicht wissen, wo es ist. Er kann es auch gar nicht wissen! Der Einzige, der das Versteck kennt, bin nämlich ich! Und weil der gute Phidias das Gold nicht vorzeigen kann, muss ich ihn leider beschuldigen, es geklaut zu haben – zusammen mit Detothenes, diesem armen Schlucker. Nach einem Motiv muss man nicht lange suchen. Schließlich ist allgemein bekannt, dass dein Vater Schulden hat. Vor allem, nachdem ich dafür gesorgt habe, dass seine gesamte Ware vernichtet wurde."

Sichtlich zufrieden erhob sich Protaxogoras und blickte auf Andromache hinunter. „Daraufhin wird die Volksversammlung beschließen, einen Prozess gegen die beiden einzuleiten. Und Phidias' Gehilfe Patrokolos wird für mich bezeugen, dass er den Bildhauer und deinen Vater dabei beobachtet hat, wie sie das Gold beiseitegeschafft haben." Protaxogoras fixierte seine Gefangene, als könne er auf diese Weise ihre Gedanken lesen. Dabei rückte er immer dichter an Andromache heran. Bald waren ihre

Nasenspitzen nur noch eine Handbreit voneinander entfernt. Das Mädchen schloss angewidert die Augen.

Ungerührt fuhr der Händler fort: „Das Gericht wird sie verurteilen – Phidias wegen Betrugs und Diebstahls und deinen Vater, weil er ihm dabei geholfen hat. Phidias hat mächtige Freunde. Ihn werden sie nur verbannen. Tja, für deinen Vater sieht es da schon schlechter aus. Wer sollte sich für den schon einsetzen? Auf ihn wartet wahrscheinlich der Tod. Aber sei beruhigt: Die Verurteilung wirst du gar nicht mehr mitbekommen. Denn du bist dann schon in Ägypten. Ich hoffe, du bringst einen guten Preis!“

Lachend drehte sich der Händler um und stapfte aus dem Raum.

Wieder zerrte Andromache an ihren Fesseln und versuchte zu schreien. Aber aus ihrem Mund kam nur undeutliches Gestammel. Kraftlos sackte sie in sich zusammen und begann zitternd zu schluchzen.

„Bist 'ne tapfere kleine Frau!“ Glaukos stand in der Tür und betrachtete die Gefangene. In seinem Gesicht lag so etwas wie Mitleid. „Das Leben ist grausam. Sieh mich an: War immer Sklave. Werd's wohl auch immer sein. Geht's meinem Herrn gut, geht's mir gut. Wäre auch lieber wieder in Thrakien bei meiner Familie. Und jetzt muss ich noch mal kurz wohin! Lauf ja nicht weg! Ha, ha!“

Glaukos verließ eilig den Raum. Sofort begann Andromache wieder an ihren Fesseln zu zerren. Sie wusste, dass es hoffnungslos war, aber es war auf jeden Fall besser, als einfach nur dazusitzen. Sie schloss die Augen und konzentrierte sich ganz auf die gleichmäßigen Bewegungen, mit denen sie die Riemen langsam zu lockern versuchte.

Plötzlich flüsterte eine Stimme: „Mädchen, Mädchen! Jetzt muss ich dich schon zum zweiten Mal retten!"

Andromache schlug die Augen auf und starrte überrascht in Leonidas' grinsendes Gesicht. Im selben Moment hockte er schon hinter ihr und befreite sie in Windeseile von ihren Fesseln. Als Letztes entfernte er ihren Knebel. Andromache wollte etwas sagen, aber der Spartaner hielt ihr schnell den Mund zu. „Ich erkläre es dir später. Wir müssen hier weg, bevor dieser Glaukos wiederkommt." Er griff Andromache unter die Arme und half ihr auf.

Doch augenblicklich plumpste sie kraftlos auf den Stuhl zurück. Ihre Beine waren vollkommen gefühllos. „Geht nicht! Gib mir noch etwas Zeit!", flüsterte sie, während sie ihren tauben Gliedern mit kreisenden Bewegungen wieder etwas Leben einzuhauchen versuchte.

„Bei Zeus, beeil dich!", drängelte Leonidas.

„Ich versuch's ja." Andromache rieb ihre Oberschenkel und erhob sich dann zitternd. Leonidas fasste sie um die Taille und führte sie Schritt für Schritt durch den Raum.

„Wo wollen wir denn hin?", brummte es ihnen da von der Tür entgegen. Fassungslos blickten Leonidas und Andromache zu dem Hünen auf, der ihnen den Weg versperrte. Seine Fäuste hatte er in die Seite gestemmt. Irgendwie wirkte er fast ein wenig belustigt.

Leonidas zögerte keinen Augenblick. Er ließ Andromache los und stürmte mit aller Kraft gegen den riesigen Kerl an. Der aber nahm ihn mit einem schnellen Griff in den Schwitzkasten und schloss die Tür hinter sich.

Andromache hielt sich zitternd am Stuhl fest. Dann fixierte sie ihren Wächter. In ihrem Kopf wirbelten die

Gedanken durcheinander: Körperlich war ihnen Glaukos haushoch überlegen, also mussten sie ihn überzeugen, dass es für ihn besser war, wenn er sie freiwillig gehen ließ. Andromaches trockener Mund brannte wie Feuer, als sie langsam zu sprechen begann: „Glaukos, lass uns gehen, bitte! Wir können deinem Herrn einen Strich durch die Rechnung machen. Nicht Phidias und mein Vater werden dann vor Gericht landen, sondern Protaxogoras! Du wirst sehen."

„Und wie wollt ihr das anstellen? Was wisst ihr beiden Kröten schon?" Ohne aufzusehen, begann Glaukos mit gleichmäßigen Bewegungen den sich windenden Leonidas zu fesseln.

„Wir wissen, dass dein Herr für den Überfall verantwortlich ist und das Gold im Hafen versteckt hat. Wenn wir das erzählen, ist er dran. Er wird einiges erklären müssen. Garantiert! Hast du nicht gesagt, dass du zurück zu deiner Familie willst? Wenn du uns gehen lässt, werde ich dafür sorgen, dass Onkel Phidias dich freikauft und dir genug Geld für die Überfahrt nach Thrakien gibt. Protaxogoras wird im Gefängnis landen. Du aber gehst nach Hause, Glaukos! Nach Hause!" Beschwörend redete Andromache auf den hünenhaften Sklaven ein.

Stirnrunzelnd dachte dieser über das Angebot des Mädchens nach. Immer wieder blickte er zwischen Leonidas und Andromache hin und her. „Hm, nach Hause", murmelte er geistesabwesend.

„Ja, nach Thrakien", wiederholte Andromache.

„Und ihr sorgt dafür, dass mich dieser Phidias freikauft – und dass der alte Menschenschinder im Gefängnis landet? Schwört es!"

„Bei der Göttin unserer Stadt! Du kannst dich auf uns verlassen! Denk nach, Glaukos! Das ist wahrscheinlich deine einzige Chance!" Andromache legte alle Überzeugungskraft, die sie besaß, in ihre Stimme.

„Nach Hause ...", wiederholte Glaukos lächelnd und ließ den verdutzten Leonidas los.

„Gut", seufzte der Sklave dann. „Ich will euch vertrauen. Verschwindet! Los, haut ab!"

Das ließen sich Andromache und Leonidas nicht zweimal sagen. Doch bevor sie den Raum verließen, drehte sich Andromache noch einmal zu dem Hünen um: „Danke, Glaukos! Du wirst es nicht bereuen!" Dann zog sie leise die Tür hinter sich zu.

Behutsam schlichen die beiden die Treppe hinunter, liefen über den Innenhof und schlüpften durch die Vordertür auf die Straße. Während sich Andromache hinter einer Säule verbarg, lief Leonidas schnell zum Brunnenhaus, um seinen roten Umhang zu holen, der dort immer noch lag.

Bei seiner Rückkehr empfing ihn Andromache ungeduldig: „Jetzt aber schnell zur Volksversammlung! Und unterwegs erzählst du mir, woher du wusstest, wo ich bin, und wie du ins Haus gekommen bist."

„An dir geht auf jeden Fall eine fantastische Rednerin verloren! So viel ist sicher!", sagte Leonidas glücklich. Dann schlugen sie den Weg zur Pnyx ein und Leonidas begann zu erzählen.

## 15. Kapitel: Perikles lässt sich überreden

Protaxogoras fühlte sich prächtig. Aufgrund der Wichtigkeit und des allgemeinen Interesses war sein Anliegen als erster Tagesordnungspunkt aufgerufen worden. Selbstbewusst erklomm er die Stufen zur Rednertribüne. Er verbarg Hände und Arme in seinem besten Mantel und blickte weihevoll auf seine Zuhörerschaft, die sich sichtlich in Aufruhr befand. Wo war Perikles? Vor allem ihm wollte er heute gefallen. Vielleicht berief ihn der mächtige Mann ja zu seinem Berater. Aber er konnte ihn nirgends ausmachen. Enttäuscht wartete Protaxogoras, bis Ruhe eingekehrt war. Dann begann er zu sprechen: „Meine lieben Athener. Heute ist ein besonderer Tag: der Tag der Wahrheit, der Ehre und der Gerechtigkeit! Heute sind wir zusammengekommen, um Rechenschaft zu fordern über den Verbleib des Goldes, das die Statue unserer Göttin, der Pallas Athene, schmücken soll. Nicht um zu reden sind wir heute zusammengekommen, sondern um Beweise zu sehen. Ich will daher nur eine einzige Frage stellen. Ich stelle sie dem Bildhauer Phidias und seinem Freund, dem Töpfer Detothenes. Sie lautet: *Wo ist das Gold?*"

Die Köpfe der Versammelten drehten sich zu den Angesprochenen. Phidias' Gesicht war starr und bleich, Detothenes hielt das Haupt gesenkt. Eine unheimliche Stille lag über dem Hügel. Nur der Wind und gelegentliches Husten waren zu hören.

Phidias erhob sich langsam. „Ich weiß es nicht", sagte er leise.

Die umstehenden Männer reckten ihre Köpfe oder legten die Hände an ihre Ohren, um besser zu verstehen.

„Ich verstehe Euch nicht, Phidias!", rief Protaxogoras.

„Ich weiß es nicht!", wiederholte Phidias lauter.

Augenblicklich setzte wildes Geschrei ein.

„Der Händler sollte das Gold gestern Abend liefern. Er ist aber nicht in Athen angekommen", rechtfertigte sich Phidias.

Von allen Seiten drangen wütende Zurufe zu Protaxogoras herauf: „Betrüger!" – „Verschwender!" – „Lügner!" – „Verjagt sie aus der Stadt!"

Der Händler war zutiefst beglückt. „Aber ich weiß es!", rief er in die Versammlung hinein. „Ihr habt es gestohlen. Und dafür gibt es Zeugen."

„Du elender Betrüger!", schrie Phidias und machte Anstalten, nach vorn zur Rednertribüne zu stürzen.

Einige Männer hielten den Bildhauer fest und schlugen auf ihn ein. Andere versuchten ihn gegen die Angriffe zu schützen.

Protaxogoras nickte unmerklich mit dem Kopf. Jetzt werde ich euch den Rest geben, dachte er grimmig.


Am Fuß der langen Treppe unterhalb der Pnyx entdeckte Andromache sofort ihre Mutter und ihren Bruder Ariston und rief nach ihnen. Sie drehten sich um, und als sie die tot geglaubte Tochter und Schwester erkannten, liefen sie ihr entgegen und schlossen sie liebevoll in die Arme. Ihre Mutter flüsterte immer wieder mit tränenerstickter Stimme: „Andro, Athene sei Dank! Andro!"

Andromache war wie von Sinnen vor Glück. Fast hätte sie vergessen, warum sie eigentlich da war.

Eine Hand zupfte an ihrem Chiton. „Ähm, Andromache! Es bleibt nicht mehr viel Zeit."

Die Überraschung stand der Mutter ins Gesicht geschrieben, als ihr Blick auf den schmutzigen Leonidas mit den seltsam zerzausten Haaren fiel, der hinter Andromache stand. „Wer ist das, Andro?", fragte sie ihre Tochter.

„Hab jetzt keine Zeit, alles zu erklären."

Ihre Mutter blickte Andromache tief in die Augen. „Andro, dein Vater ... Es ist schrecklich! Er und Phidias werden von Protaxogoras beschuldigt, das Gold für ..."

„Ich weiß, Mama! Ich kann ihm helfen. Aber ich muss jetzt sofort vor die Volksversammlung treten!" Sie befreite sich aus der Umarmung und wollte die Treppe hinaufstürmen. Doch skythische Bogenschützen, die die Versammlung bewachten, versperrten ihr den Weg.

„Wie stellst du dir das vor, Andro?" Ihre Mutter war ihr nachgelaufen und zog sie mit sich fort. „Du bist ein Mädchen!"

Andromache wusste, dass ihre Mutter recht hatte. Frauen waren keine Bürger und hatten somit auch keinen Zugang zur Versammlung. Verzweifelt blickte sie sich um. Da sah sie den ehrenwerten Perikles auf sich zukommen. Augenscheinlich hatte er sich verspätet. Andromache riss sich los und rannte ihm entgegen. Als sie ihn erreichte, warf sie sich vor ihm auf die Knie und begann in flehendem Ton zu bitten: „Edler Perikles! Mein Vater und der Bildhauer Phidias werden dort oben zu Unrecht eines Verbrechens angeklagt. Ich habe Beweise, die ihre Unschuld bezeugen werden. Bitte lasst mich dort vor der Versammlung sprechen!"

Perikles beugte sich zu ihr herunter und stellte sie wieder auf die Füße. Er lächelte. „Du bist eine Frau. Frauen dürfen die Versammlung der Bürger Athens nicht stören."

Er blickte in das enttäuschte Gesicht des fremden Mädchens, dem bereits Tränen über die Wangen liefen. „Befreit mich jemand von diesem Kind?!", rief er und schaute sich ratlos um.

Andromaches Mutter blieb, wo sie war. Ein Bogenschütze kam dem Staatsmann schließlich zu Hilfe.

„Bitte, verehrter Herr! Hört mich nur kurz an!", flehte Andromache noch einmal, als der Bogenschütze sie wegzerrte. „Das Gold ist im Lagerhaus des Protaxogoras!"

Perikles, der schon die ersten Stufen zur Pnyx hinaufgestiegen war, blieb abrupt stehen. Langsam drehte er sich um und schaute sie überrascht an. „Mädchen, du kannst nicht vor der Volksversammlung sprechen. Mir sind da die Hände gebunden. Es geht nicht!" Damit drehte er sich wieder um.

„Dann schickt diesen hier …" Andromache zeigte auf Leonidas. „Er ist ein Junge – und Spartaner. Er kann alles bezeugen."

Wieder blieb Perikles stehen. Nachdenklich musterte er Leonidas. „Du bist Spartaner?", fragte er schließlich, während er die Stufen wieder herabstieg. „Sag mir deinen Namen!"

Mit einer schnellen Armbewegung befreite sich Leonidas von Ariston, der ihn bis dahin zurückgehalten hatte. Der Athener purzelte auf den Boden.

„Leonidas, Sohn des Tarmenides. Aus Sparta", antwortete Leonidas stolz und trat Perikles hoch erhobenen Hauptes entgegen.

Der schaute zwischen dem am Boden liegenden Ariston und dem schmutzigen Burschen im roten Umhang hin und her. Dann sagte er lachend: „Ich denke, wir Athener sollten unsere Jugend besser ausbilden. Sonst werdet ihr Spartaner uns noch eines Tages zum Frühstück verspeisen."

Er legte Leonidas die Hände auf die Schultern und sagte: „Na, dann komm, Leonidas, Sohn des Tarmenides, aus Sparta! Wir wollen hören, was du zu sagen hast."

„Gib's ihm!", rief Andromache Leonidas hinterher, als er mit Perikles die Stufen zur Pnyx hinaufstieg.

# 16. Kapitel: Wo ist das Gold?

Auf der Pnyx war mittlerweile wieder Ruhe eingekehrt. Soeben hatte der Versammlungsleiter die Abstimmung über ein Gerichtsverfahren verlangt und die Mehrheit der Anwesenden hatte zugestimmt. Mit lauter Stimme verkündete er: „So ist es also beschlossen: Phidias, der Bildhauer, und Detothenes, der Töpfer, werden öffentlich des Raubes angeklagt! Der Gerichtsprozess beginnt morgen früh. Bis dahin werden die beiden Angeklagten in Sicherheitsverwahrung genommen."

Protaxogoras wollte gerade das Rednerpult verlassen, als er den edlen Perikles zwischen den Versammelten erkannte. Völlig unbeteiligt schritt dieser durch die Reihen nach vorn. Neben ihm ging ein schmutziger kleiner Kerl mit rotem Umhang und komischer Frisur. Protaxogoras zog die Stirn kraus. Irgendwie kam ihm der Knabe bekannt vor.

Perikles blieb nicht weit entfernt von ihm stehen und hob als Zeichen, dass er vor der Versammlung sprechen wollte, die Hand. Der Versammlungsleiter erteilte ihm das Wort.

„Verehrte Volksversammlung! Verehrter Vorsitzender! Ich habe hier einen Zeugen, der anscheinend gerade rechtzeitig gekommen ist, um Phidias und Detothenes zu entlasten."

Protaxogoras starrte mit offenem Mund den Knaben an. Jetzt wusste er, woher er ihn kannte. Das war doch der Diener von diesem alten Säufer! Er war gestern mit den anderen Trunkenbolden in seinem Haus gewesen. Wieso stand er jetzt neben Perikles und warum konnte er Phidias und Detothenes entlasten? Protaxogoras bekam es mit der Angst zu tun. Unmerklich begann er zu zittern. Irgendetwas stimmte hier nicht.

„Er kommt aus Sparta und hat auf dem Weg nach Athen seltsame Abenteuer erlebt. Bitte, mein Sohn, erzähle!", fuhr Perikles fort und trat dann einen Schritt zurück.

Leonidas schluckte kurz. Dann begann er: „Ich, Leonidas, Sohn des Tarmenides, aus Sparta ..."

Unter den Zuhörern erhob sich unwilliges Gemurmel.

Leonidas fuhr fort: „Und Andromache, Tochter des Töpfers Detothenes, aus Athen ..."

Erste Zwischenrufe wurden laut: „Diebesbrut!" – „Hier dürfen nur Bürger Athens sprechen!" – „Holt den Spartaner da runter!"

Doch Leonidas ließ sich nicht beirren. Erst stockend, dann immer flüssiger erzählte er, was passiert war. Schon nach den ersten Sätzen verstummten die Proteste und bald hätte man auf der Pnyx eine Stecknadel fallen hören können – so still war es.

Protaxogoras erstarrte mehr und mehr und blickte nervös in die Menge der Zuhörer. Das war doch nicht möglich: Der Bursche kannte die ganze Wahrheit! Alles war schiefgegangen. Sogar das Mädchen war wieder frei. Verdammter Glaukos! Wie war es ihnen nur gelungen, diesen Hünen zu überwältigen? Wie gelähmt stand der Händler da, bis der Junge seine Geschichte beendet hatte.

Erst dann erwachte er aus seiner Starre. Betont lässig richtete er sich an die Volksversammlung: „Das ist ja wohl der größte Unsinn, den ich jemals gehört habe. Was will dieses Bürschchen? Hat er Beweise? Dass ich mir diese Vorwürfe überhaupt anhören muss, ist eine unglaubliche

Frechheit. Ich soll der Dieb gewesen sein? Ich? Steckt diesen Burschen gleich zu Phidias und Detothenes und …"

An dieser Stelle wurde er von Perikles unterbrochen: „Der Beweis wird sich schnell finden lassen. Immerhin soll sich das Gold in einem Lagerhaus des Protaxogoras befinden. Das ist leicht nachzuprüfen. Und zwar sofort!"

Obwohl der Händler lautstark protestierte, wurde beschlossen das Lagerhaus zu durchsuchen. Zehn Männer, darunter der Versammlungsleiter, Perikles und Leonidas, wurden beauftragt, sich zum Lagerhaus am Hafen zu begeben und dort nach dem Gold zu suchen. Andromache, ihr Bruder und ihre Mutter schlossen sich der Gruppe an.

Unter den verdutzten Blicken der Athener zog die Prozession hinunter zum Hafen. Auf dem Weg erzählte Leonidas Andromache, was sich auf der Pnyx abgespielt hatte. Die beobachtete misstrauisch Protaxogoras, der nur wenige Schritte hinter ihnen ging und sie mit seinen kalten blauen Augen fixierte. Der Händler schaute zwar grimmig, wirkte aber ansonsten seltsam gelassen. Ganz so, als könnte er sicher sein, dass die Untersuchung im Sande verlaufen würde.

Nervös wandte sich Andromache an Leonidas: „Und du bist dir wirklich sicher, dass das Gold im Lagerhaus ist? Absolut sicher?"

„Ja, auf jeden Fall. Ich hab gesehen, wie er es ins Lagerhaus gebracht hat", antwortete Leonidas.

Dennoch zweifelte Andromache. Warum hatte Protaxogoras nicht zugegeben, das Gold geklaut zu haben? Wenn es da war, konnte er seine Schuld kaum mehr leugnen. Plötzlich wurde ihr klar, dass sie sich zu früh gefreut hatten. Protaxogoras war zu gerissen. Er hatte es bestimmt irgendwie geschafft, das Gold verschwinden zu lassen.

„Irgendetwas stimmt hier nicht, Leonidas", zischte sie ihrem Freund ins Ohr.

Der zeigte ihr nur einen Vogel.

Sie erreichten das Lagerhaus und der Versammlungsleiter verlangte, dass Protaxogoras die Tür aufschloss. Dann betraten alle das Lager und begannen zwischen Kisten, Säcken, Amphoren und anderen Waren nach dem geraubten Gold zu suchen.

Aber es war nirgends zu entdecken. Andromache und Leonidas schauten in alle Ecken, öffneten Kisten, spähten in Säcke und griffen in Amphoren.

Kein Gold!

Andromache bemerkte, wie sich der Blick des Perikles, der sich ebenfalls an der Suche beteiligte, zunehmend verfinsterte. Protaxogoras dagegen stand in der Mitte des großen Raumes und grinste wie ein Honigkuchenpferd.

„Wo ist es, Leonidas?" Andromaches Stimme zitterte.

„Es *muss* hier sein!"

„Ist es aber nicht! Wir haben doch überall nachgeschaut."

Sie suchten jetzt schon fast eine halbe Stunde. Die Ersten hatten aufgegeben und standen peinlich berührt neben Protaxogoras. Der hatte angefangen Witze über die Suchaktion zu machen. Dabei trat er amüsiert von einem Fuß auf den anderen.

Andromache blickte zu Boden. An der Stelle, wo Protaxogoras gerade seinen Freudentanz aufführte, waren die kleinen Ps von seinen genagelten Sandalen in den Lehmboden gedrückt. Andromache stutzte. An irgendetwas

100

erinnerte sie das. Etwas, das sie bei ihrer Suche übersehen hatten. Denk nach, Andromache!, sagte sie sich. Inzwischen hatten auch die letzten Suchenden ihr Vorhaben aufgegeben.

Gerade, als die Gruppe wieder den Rückzug antreten wollte, brach es aus Andromache hervor: „Natürlich! P – P wie Protaxogoras!"

Alle schauten sie verwundert an.

„Was soll das heißen, Andromache?", fragte Leonidas irritiert, als sei sie plötzlich verrückt geworden. „Andromache?"

Doch die hörte ihn nicht mehr. Mit gesenktem Blick lief sie durch das Lagerhaus und murmelte immer wieder: „P … P … P …" Dann verschwand sie auf einmal in einem Nebenraum.

„Dieses Mädchen ist ja völlig durchgeknallt. Ich denke, wir verschwenden hier wirklich nur unsere Zeit!", rief Protaxogoras.

Auch die anderen Männer zuckten mit den Schultern. Da erschien Andromaches Kopf in der Tür. Sie strahlte über das ganze Gesicht. „Bitte, jemand muss mir helfen!", rief sie laut in den Raum.

Perikles kam zögernd mit einigen Männern herbei.

„Hier, die müssen weg!" Andromache zeigte auf zwei große Kisten, die an einer der Wände standen. Sie waren voller Schwerter und daher kaum zu bewegen.

In ihrer Stimme lag eine solche Überzeugungskraft, dass zwei Männer ihrer Aufforderung nachkamen, ohne weiter nachzufragen. Als die beiden Kisten zur Seite geschoben waren, zeigte Andromache auf die Spuren am Boden. Dort, wo die Kisten gestanden hatten, waren sie

101

leicht verwischt, in dem schmalen Zwischenraum aber gut sichtbar: Der Lehmboden war übersät mit winzigen Ps.

„P – wie Protaxogoras!", rief Andromache triumphierend. „Diese Kisten stehen hier noch nicht lange." Dann trat sie an die nun freigelegte Wand und tastete sie ab. An einer Stelle war sie ungewöhnlich feucht, so, als sei dort erst vor Kurzem gemauert worden.

„Weg da, verdammte Göre! Weg von der Wand! Was bildest du dir ein?" Protaxogoras war hinter Andromache getreten und packte sie an beiden Armen.

Da schritt Perikles ein: „Halt! Das Mädchen hat anscheinend etwas gefunden, was zur Aufklärung der Geschichte beitragen kann."

Zähneknirschend musste Protaxogoras zusehen, wie Andromache eine der Kisten öffnete, ein Schwert hervorzog und mit aller Gewalt in den weichen Lehm hieb. Augenblicklich gab dieser nach, und nach weiteren Schlägen wurden mehrere braune Säcke sichtbar, die sorgsam übereinandergeschichtet waren. Andromache zog den obersten aus seinem Versteck. Als der Sack zu Boden fiel, lösten sich die Schnüre, mit denen er verschlossen war. Heraus fielen mehrere dünne Platten aus purem Gold.

Protaxogoras tobte. Für Andromache aber klang sein Gebrüll wie die herrlichste Musik.

# Epilog

Andromache saß am Webstuhl, als ihre Mutter den Raum betrat. Leise setzte sie sich neben ihre Tochter. „Ich wollte dir sagen, dass sie Protaxogoras heute Morgen in der Gerichtsverhandlung für schuldig befunden haben. Er wird uns allen Schaden ersetzen, den er angerichtet hat. Darüber hinaus bezahlt er uns für deine Entführung ein ganzes Talent! Sein halbes Vermögen hat er der Stadt vermacht. Auch Phidias hat er entschädigen müssen. Zu guter Letzt hat ihn das Gericht nur in die Verbannung geschickt. Immerhin für zehn Jahre! Diesen Ephoros und seine Männer haben sie leider nicht gefunden. Aber Phidias' Gehilfe Patrokolos wird Athen ebenfalls verlassen müssen."

„Und Glaukos?" Andromache war es wichtig, ihr Versprechen einzulösen.

„Da haben Phidias und Protaxogoras eine Abmachung getroffen. Glaukos ist ein freier Mann und hat von Protaxogoras genügend Geld für die Überfahrt nach Thrakien bekommen. Wahrscheinlich ist er schon auf dem Heimweg." Ihre Mutter schüttelte nachdenklich den Kopf. „Eigentlich kommt Protaxogoras noch viel zu gut weg. Er hat Glück, dass er reich genug ist, um sich freikaufen zu können. Deinen Vater hätte ein anderes Schicksal erwartet. Er verdankt dir unendlich viel!"

Andromache legte die Hände in den Schoß und blickte traurig zu Boden. „Leonidas ist der, dem er danken sollte. Ohne ihn wäre ich jetzt wer weiß wo. Und Vater und Onkel Phidias wären verurteilt. Leonidas ist der wahre Held dieser Geschichte."

Sie schwieg. Dann griff sie nach der Hand ihrer Mutter und drückte sie fest. „Werde ich ihn wiedersehen, Mama?"

„Wer weiß? Du bist jung. Das Schicksal bringt Menschen zusammen und trennt sie wieder. Manchmal bleibt nur eine Erinnerung – oft nicht einmal das."

„Aber ich vermisse ihn", klagte Andromache. „Warum ist er einfach so verschwunden? Ohne ein Wort? Warum hat er nicht wenigstens das Fest heute Abend abgewartet?"

„Andro! Ich denke, diese Frage kannst du dir selbst beantworten."

Ihre Mutter hatte recht. Leonidas war Spartaner. Eitelkeit passte nicht zu ihm. Er wollte sich nicht feiern lassen. Schon der Auftritt auf der Pnyx war ihm sicherlich schwergefallen. Nach dem Beschluss der Versammlung, Protaxogoras vor Gericht zu stellen, war er einfach verschwunden. Wie ein Schatten – niemand hatte ihn gesehen.

Einen Moment saßen die beiden Frauen nebeneinander. Dann erhob sich die Mutter und verließ ebenso still, wie sie gekommen war, den Raum. Andromache nahm wieder ihr Webschiffchen in die Hand. Trotzig flüsterte sie: „Wir werden uns wiedersehen, Leonidas. Darauf kannst du dich verlassen!"

# Wörter, die ihr vielleicht nicht kennt

*Agora*          Versammlungsplatz im Zentrum einer
                 Stadt, auf dem der Markt abgehalten
                 wurde sowie Gerichtsprozesse und
                 Feste stattfanden

*Akropolis*      Burgberg mit Tempeln und Schatz-
                 haus

*Amphore*        Gefäß mit zwei Henkeln, in dem
                 Wein, Öl und andere Flüssigkeiten
                 transportiert wurden

*Andron*         „Wohnzimmer" reicher Griechen;
                 hier trafen sich die Männer zu fest-
                 lichen Trinkgelagen oder zum Essen

*Archon*         hoher griechischer Beamter

*Barbar*         Nichtgrieche, der schlecht oder gar
                 nicht Griechisch sprach

*Charon*         Fährmann in der Unterwelt

*Chiton*         Kleidungsstück aus einem Tuch,
                 das über den Schultern zusammen-
                 gehalten wurde

*Dipylon-Tor*    doppeltes Stadttor Athens

| | |
|---|---|
| *Drachme* | griechische Währungseinheit; im antiken Münzsystem entsprachen 6000 Drachmen einem (→) Talent |
| *Ekklesia (Volksversammlung)* | demokratische Versammlung aller wahlberechtigten Bürger Athens auf der (→) Pnyx |
| *Elfenbein* | Material, das aus den Stoßzähnen bzw. Geweihen großer Tiere gewonnen wird |
| *Goldblech* | dünne Platten gehämmerten Goldes |
| *Gymnasion* | Sportstätte, in der junge Männer in Kampf- und Wettsportarten unterrichtet wurden; dazu kamen Philosophie, Mathematik und Rhetorik |
| *Hades* | Welt der Toten; Unterwelt |
| *Hermes* | griechischer Götterbote |
| *Hoplit* | Soldat im griechischen Heer |
| *Hypnos* | griechischer Gott des Schlafes |
| *Keryx* | Ausrufer |

| | |
|---|---|
| *Kithara* | antikes Saiteninstrument mit großem Schallkörper |
| *Metöke* | zugewanderter Bewohner Athens, der nur eingeschränkte Rechte hatte |
| *Nekropole* | Totenstadt; Friedhof, der etwas außerhalb der Stadt lag |
| *Palisadenzaun* | Zaun aus angespitzten Baumstämmen |
| *Pallas Athene (auch Athene Parthenos)* | Schutzgöttin und Namensgeberin der Stadt Athen; in der griechischen Mythologie Göttin der Weisheit und Schirmherrin der Künste und Wissenschaften |
| *Panathenäen* | Fest zu Ehren der (→) Pallas Athene, das alle zwei Jahre in kleinerer und alle vier Jahre in größerer Form stattfand |
| *Parthenon* | Tempel der (→) Pallas Athene, der zwischen 447 v. Chr. und 438 v. Chr. auf der Akropolis erbaut wurde |
| *Perikles* | berühmter Athener (um 495 v. Chr. – 429 v. Chr.); bestimmte lange Zeit die Politik der Stadt |
| *Perserreich* | antikes Königreich im heutigen Nahen Osten |

| | |
|---|---|
| *Phidias* | einer der berühmtesten Bildhauer der Antike; lebte zwischen 500 v. Chr. und 432 v. Chr. in Athen |
| *Piräus* | Hafenstadt westlich von Athen |
| *Prozession* | religiöser Festumzug |
| *Pnyx* | Hügel westlich der Akropolis, auf dem die Volksversammlung (→ Ekklesia) stattfand |
| *Rat der Fünfhundert* | Männer, die die Volksversammlung (→ Ekklesia) organisierten und für deren Ablauf verantwortlich waren |
| *Scherbengericht* | Verfahren, mit dem in der griechischen Antike über die Verbannung unliebsamer Bürger abgestimmt wurde und bei dem Tonscherben als „Stimmzettel" dienten |
| *Skythen* | Völker, die ab dem 7. Jahrhundert v. Chr. im Gebiet des heutigen Südrusslands und der Ukraine lebten; skythische Sklaven übernahmen im antiken Athen häufig die Aufgaben von Polizisten |
| *Söldner* | Berufssoldat, der für den Dienst an der Waffe bezahlt wurde |

| | |
|---|---|
| *spartanisch* | bedeutet im übertragenen Sinne auch heute noch „einfach/spärlich" |
| *Stratege* | hoher griechischer Beamter, der in Kriegszeiten die Befehlsgewalt über Heer und Flotte hatte |
| *Styx* | Fluss, den der Sage nach die Toten überqueren mussten, um in den (→) Hades zu gelangen |
| *Symposion* | Trinkgelage der reichen Männer Athens |
| *Talent* | antike griechische Währungseinheit; einem Talent entsprachen ungefähr 30,25 kg Silber |
| *Thete* | Bürger Athens ohne Grundbesitz; dazu gehörten z. B. Handwerker und Lohnarbeiter |
| *Thrakien* | in der Antike Bezeichnung für das Land nördlich von Griechenland bis zu dem Gebiet der (→) Skythen; heute eine Landschaft auf der östlichen Balkanhalbinsel |
| *Triere* | Ruderboot, das im 5. und 4. Jahrhundert v. Chr. als Kriegsschiff eingesetzt wurde |

*Zeus*        oberster Gott der Griechen

*Zyklop*      der Sage nach ein Riese mit nur
              einem, auf der Stirn sitzenden Auge